DES ÉMIGRÉS

ET DE LEURS CREANCIERS,

DEPUIS LA RESTAURATION.

DES ÉMIGRÉS

ET DE LEURS CRÉANCIERS,

DEPUIS LA RESTAURATION.

PAR M. LEPAGE, JURISCONSULTE.

PARIS,

CHEZ C. J. TROUVÉ, IMPRIMEUR - LIBRAIRE,
RUE NEUVE-SAINT-AUGUSTIN, N°. 17

1823.

PARIS

INTRODUCTION.

Un des grands événemens de la Révolution, est le bannissement prononcé à perpétuité contre les Émigrés, et la confiscation de leurs biens déclarés nationaux; il en est résulté que les créanciers, dont ces biens étaient le gage, ont été déclarés les créanciers de l'État.

Pour le plus grand nombre, les Émigrés ont obtenu leur radiation, ou leur élimination, ou leur amnistie, avec la restitution de ceux de leurs biens qui n'avaient pas été vendus au profit de l'État, ou qui n'avaient pas été appliqués à un service public. Alors les créanciers qui ne s'étaient pas fait payer par le Trésor national, ont été autorisés à exercer leurs actions contre leurs débiteurs réintégrés.

Cependant d'autres inscrits sur la liste fatale n'ont pas voulu rentrer en France par les moyens que leur présentait le Gouvernement républicain, et ensuite le Gouvernement impérial; ils ont pensé qu'ils ne devaient revoir leur patrie que quand les princes, à qui ils restaient fidèles, auraient été replacés sur le trône de leurs ancêtres; leurs vœux ont été comblés par la Restauration de 1814.

Bientôt parut l'ordonnance du 21 août 1814, qui abolit toute inscription sur la liste des Émigrés, « à compter du jour de la publi- » cation de la Charte constitutionnelle, sous » la réserve expresse des droits acquis à des » tiers. »

Le 5 décembre suivant, intervint la loi qui rendit, non pas tous les biens provenant de confiscation sur les Émigrés, mais seulement ceux de leurs immeubles qui étaient restés dans le domaine public. Cette loi suspendit jusqu'au 1er janvier 1816 l'action des créanciers, et leur permit pourtant les actes conservatoires. Cette suspension a été prorogée jusqu'au 1er janvier 1820; et, à l'expiration de ce délai, elle n'a point été renouvelée.

Les créanciers des Émigrés ont pensé que par-là ils étaient autorisés à exercer leurs droits sur les biens rendus en 1814.

Les Émigrés attaqués ont opposé la plus

grande résistance ; ils ont soutenu que les biens rendus étaient un don du Prince qui les leur remettait affranchis de toutes dettes, comme les possédait le domaine de l'État, au moment où a été publiée la loi qui leur accordait cette grâce.

De leur côté, les créanciers citaient la loi même qui, conforme à la Charte, maintient la législation antérieure sur l'émigration; ils en concluaient que la remise actuelle des biens devait avoir les mêmes effets qu'elle avait constamment reçus, c'est-à-dire qu'elle assujettissait les Émigrés au paiement de leurs anciennes dettes.

La question est de la plus grande importance en droit privé, à cause du grand nombre de débiteurs qu'elle concerne, et d'un plus grand nombre encore de créanciers directs ou indirects qu'elle intéresse. En droit public, la question ne mérite pas moins de fixer l'attention, puisqu'elle donne lieu à examiner si la Restauration a effacé toutes les traces de l'émigration pour le passé, ou si c'est seulement pour l'avenir.

Si l'on décide que le passé est totalement effacé, on regarde les Émigrés comme des condamnés dont l'innocence est reconnue; ils n'ont jamais subi la mort civile, conséquemment leurs relations avec leurs anciens créanciers n'ont jamais été rompues, et ils ne peuvent se soustraire au paiement de toutes leurs dettes.

Veut-on que les effets de l'émigration n'aient été détruits que pour l'avenir? les Émigrés seront considérés comme des coupables à qui la clémence du pouvoir souverain n'a rendu l'exercice de leurs droits civils que pour commencer à en jouir du jour où cette grâce leur a été accordée. Dès-lors ceux à qui ne répugnent pas des rapports si peu honorables, en induisent qu'ils renaissent à une nouvelle vie civile; qu'il ne leur reste rien de celle qu'ils ont perdue; et qu'ainsi ils se trouvent aujourd'hui dégagés de tous les engagemens qu'ils avaient contractés avant leur condamnation.

Ce dernier système a été adopté par la Cour royale de Dijon, le 12 avril 1821, tandis que le 23 juillet suivant, la Cour royale de Paris, sans nier que l'émigration ait conservé ses effets pour le passé, a déclaré que les Émigrés, étant rendus à leurs anciennes relations, se trouvaient dans l'obligation d'acquitter leurs anciennes dettes, a prononcé dans un sens absolument opposé.

Tous les Émigrés se groupent autour de ces deux décisions contraires. Ceux qui préfèrent supporter le poids de leurs dettes, plutôt que l'idée d'un pardon qu'ils auraient reçu, applaudissent à l'arrêt de la Cour royale de Paris, qu'ils croyent favorable à leur manière d'envisager leur position. Au contraire, ceux à qui il importe peu de passer pour des coupables amnistiés, pourvu qu'ils soient débarrassés de leurs créanciers, préconisent l'arrêt de la Cour royale de Dijon.

Nous ne chercherons, ni à justifier les uns, ni à blâmer les autres. Chacun est libre de persister dans des sentimens élevés, quoi qu'il en coûte, ou de les abandonner, pour ne songer qu'à sa fortune. L'opinion publique est le seul juge de ce point d'honneur; nous nous bornerons à examiner les droits que consacre la loi, et les prétentions qu'elle repousse, sans nous laisser influencer par aucun esprit de parti.

Est-ce la décision de la Cour royale de Dijon, est-ce plutôt celle de la Cour royale de Paris

qu'on doit regarder comme erronée? c'est nécessairement l'une ou l'autre, puisqu'elles sont
en contradiction. Quel est le sens exact des lois
que devra adopter la Cour de cassation, si,
comme on ne peut en douter, on a recours
à son autorité suprême? Voilà ce que nous
nous proposons d'examiner, avec d'autant
plus d'impartialité, que nous sommes dégagés de toute espèce d'intérêt ; nous ne tenons
par aucune relation, ni à des Émigrés de l'un
ou de l'autre parti, ni à aucun de leurs créanciers directs ou indirects.

Comme la Charte constitutionnelle et la
loi du 5 décembre 1814 ont maintenu la législation et les actes des gouvernemens précédens, ainsi que les jugemens antérieurs
relatifs à l'émigration, il est nécessaire de re-
tracer, dans un premier article, la disposition
des lois principales et l'état de la jurisprudence sur cette matière avant 1814.

Un second article rendra compte de la législation et de la jurisprudence concernant
les Émigrés depuis cette époque.

Dans un troisième article, on considérera
les dettes contractées par les Émigrés avant

leur sortie de France, comme charges personnelles.

Un quatrième article parlera des dettes contractées par les Émigrés pendant l'émigration.

L'article 5 considérera les dettes des Émigrés comme des charges réelles qui affectaient leurs biens.

Enfin, le sixième article sera consacré à l'examen de l'arrêt de la Cour royale de Dijon et de celui de la Cour royale de Paris.

DES ÉMIGRÉS

ET DE LEURS CRÉANCIERS,

DEPUIS LA RESTAURATION.

ARTICLE PREMIER.

LÉGISLATION ET JURISPRUDENCE ANTÉRIEURES A 1814, SUR L'ÉMIGRATION.

Les lois qui ont caractérisé et réglé l'émigration en général , feront d'abord l'objet de notre
examen ; ensuite nous parlerons des arrêts qui
ont fait l'application de ces mêmes lois. Nous
terminerons cet article en rappelant ce qui, dans
la législation et la jurisprudence antérieures à
1814 , concerne plus spécialement les dettes des
Émigrés.

§ Ier.

Loi sur l'Émigration avant 1814.

Ne croyons pas que l'émigration n'ait été considérée en France comme un crime , que par

les lois de la révolution. Louis XIV , pàr son édit de 1669 , fait défense à tous ses sujets, de quelque qualité et condition qu'ils soient ; d'aller s'établir en pays étranger, « à peine de confiscation de corps et de biens , et d'être réputés étrangers , sans qu'ils puissent être ci-après rétablis , ni réhabilités , ni leurs enfans naturalisés, pour quelque cause que ce soit. »

Le même édit enjoint à tous Français sortis du royaume, d'y rentrer dans le délai de six mois, sous les mêmes peines. Il excepte de sa disposition les sujets qui ne vont en pays étranger que pour affaires de commerce , et avec l'intention évidente de revenir.

Une déclaration du 16 juin 1685 , en confirmant cet édit, ajoute expressément la défense à tous Français de marier leurs enfans hors du royaume , sous quelque prétexte que ce puisse être , sans la permission formelle du Roi, « et à peine d'être atteints et convaincus du crime d'infidélité envers l'État, et de confiscation de corps et de biens; et où la confiscation n'aurait pas lieu, de 24,000 livres d'amende, contre les pères et mères , s'ils étaient vivans , sinon contre les tuteurs. »

Ainsi Louis XIV a mis l'émigration au nombre des crimes contre l'État, et l'a punie de la mort civile , ce qui entraînait la confiscation de tous les biens des coupables; il a même porté la peine d'une forte amende contre les pères et mères et les tuteurs des Émigrés.

Qu'il nous soit permis de le dire, ces défenses étaient contraires aux principes de toute société. La nature ne permet pas d'engager sa personne à rester dans une association à perpétuité. Voilà pourquoi, de tout temps, dans les pays civilisés, les lois, tel que notre Code civil, art. 1869, décident que, si la durée d'une société n'est pas limitée, chaque associé peut la quitter quand il lui convient, pourvu qu'il effectue sa sortie en temps opportun. Bien plus, une société contractée pour un nombre d'années limité, peut être abandonnée même avant le terme convenu, si celui qui n'y veut plus rester est empêché de la continuer par de justes motifs, comme lorsque des infirmités habituelles le rendent incapable de se livrer aux affaires communes.

Assurément le Pacte social qui unit tous les membres d'une nation, ne fixe point de terme à la durée de l'association. Chaque individu a donc le droit d'y renoncer à sa volonté, pourvu qu'il ne le fasse pas dans un temps où sa retraite causerait un préjudice à l'État. Par exemple, un ministre, le général d'une armée active seraient coupables de quitter leur patrie avant que d'avoir été remplacés.

Cette restriction est de toute justice; il n'est jamais permis de faire tort à autrui, même sous le prétexte d'user de la liberté naturelle. Aussi c'est ce que disent ceux qui excusent Louis XIV : ils trouvent que son édit de 1669 a été rendu dans des circonstances où l'émigration causait un préjudice à la nation, et par conséquent était un véritable crime contre l'État; mais les persécutions qui ont préparé et suivi la révocation de l'Édit de Nantes, ne sont-elles pas les seules causes des nombreuses émigrations qui ont porté à l'étranger un si grand nombre de familles industrieuses, et qui ont privé la France de capitaux immenses? Nous laissons à l'histoire le soin de prononcer sur cette mesure impolitique, et de dire s'il est permis de contraindre les consciences pour des opinions religieuses; il nous suffit d'avoir posé en principe, qu'on est libre de changer de patrie à volonté; mais que pourtant on peut se rendre coupable, en usant de cette liberté, si l'on est mû par un motif hostile contre sa patrie.

C'est d'après ce principe général que la Constitution du 3 septembre 1791 garantissait, « comme droit naturel et civil, la liberté à tout homme, d'aller, de rester, de partir, » et que la loi du 18 du même mois, en abolissant l'usage des passeports, déclare qu'il ne serait plus apporté d'obstacles « au droit de tout citoyen français de voyager librement dans le royaume, et d'en sortir à volonté. »

C'est aussi à cause de la restriction raisonnable apportée au principe général, qu'une loi du 9 février 1792, « considérant qu'il était instant d'assurer à la nation l'indemnité qui lui était due, pour les frais extraordinaires occasionnés par la conduite des Émigrés, et de prendre les mesures nécessaires pour leur ôter les moyens de nuire à la patrie, » avait mis les biens des Émigrés sous la main de la nation et sous la surveillance des corps administratifs.

Nous n'examinerons point s'il est vrai que la conduite des Émigrés causait un préjudice notable à la patrie, et lui occasionnait des dépenses extraordinaires ; nous nous bornerons à rendre compte de la législation. Il est évident que, si l'on s'en tient à l'exposé des lois qu'on vient de rappeler, elles sont conformes aux principes les plus constans. Personne ne doit être gêné dans le droit d'aller et de venir, et même de sortir du royaume, à moins qu'il ne le fasse par des motifs coupables, ou que le moment qu'il choisit pour s'absenter ne cause un préjudice à l'État.

Ainsi le Corps législatif de cette époque, persuadé que l'émigration avait pour but d'exciter la guerre contre la France, ne croyait pas blesser les principes, lorsque, par la loi du 30 mars 1792, sanctionnée par Louis XVI, il ordonnait que les biens des Émigrés seraient régis par l'administration publique, et lorsqu'en même-temps il accordait un délai d'un mois, pendant lequel les propriétaires de ces mêmes biens seraient tenus de rentrer, s'ils voulaient recouvrer la jouissance qui leur en était enlevée.

La même Assemblée législative, toujours avec la sanction du Roi, agissait donc conséquemment aux mêmes principes, en rendant la loi du 27 juillet suivant, portant que les biens des Émigrés qui n'étaient pas rentrés dans le délai fixé, étaient confisqués et seraient vendus au profit de l'État.

Jusqu'alors, les lois contre l'émigration n'étaient pas aussi rigoureuses que celles données sur le même sujet par Louis XIV. En confisquant les biens des Émigrés, ce monarque faisait porter une partie de la peine, par une forte amende, sur les pères et mères ou les tuteurs des Émigrés, et refusait pour toujours, sans espoir de grâce, la qualité de Français à quiconque sortait du royaume sans autorisation; mais la Convention nationale n'a pas tardé à se montrer aussi sévère que Louis le Grand, contre l'émigration.

Nous sommes loin d'approuver les excès auxquels s'est portée cette Assemblée, qui réunissait tous les pouvoirs. Il faut pourtant croire que ce qu'elle a réglé relativement à l'émigration, n'est pas ce qu'on doit lui reprocher, puisque ses lois sur cette matière ont eu des effets maintenus par celles de la Restauration, comme on le verra dans la suite.

Aux yeux de la Convention, les Français sortis du territoire national, et qui n'avaient pas effectué leur rentrée dans le délai prescrit, étaient des ennemis de la patrie. Elle les a bannis à perpétuité, par un décret du 23 octobre 1792 ; et, pour ne rien laisser d'incertain sur les effets de cette proscription, elle s'en est expliquée avec détail dans un autre décret du 28 mars 1793. Nous n'en rapporterons que les deux premiers articles.

ART. Ier. « Les Émigrés sont bannis à perpétuité du territoire français. Ils sont morts civilement ; leurs biens sont acquis à la République.»

ART. II. « L'infraction au bannissement perpétuel, prononcé par l'article 1er, sera puni de mort. »

Il fallait ensuite fixer un mode pour reconnaître les individus atteints du crime d'émigration. C'est pourquoi la même loi, après avoir attribué à la République, pendant cinquante ans, les successions échues ou à échoir aux Émigrés, ordonne qu'il sera dressé, dans chaque département, des listes où ils seront inscrits; que ceux dont les noms s'y trouveront, seront considérés comme prévenus d'émigration; et que s'ils ne réclament pas dans un certain délai pour se faire rayer, en justifiant avoir été mal à propos inscrits, ils seront réputés définitivement Émigrés.

Un autre décret du 25 brumaire an III, régla la forme des listes départementales et la manière de procéder aux réclamations. Ceux qui prouvaient, ou n'être jamais sortis de France, ou y être rentrés en temps utile, étaient rayés de la liste et obtenaient la restitution de tous leurs biens non encore vendus. On les traitait comme des prévenus qui avaient démontré leur innocence; jamais la mort civile ne les avait frappés; c'était un acte de justice exercé envers eux.

Cet état de choses dura cinq ans, c'est-à-dire jusqu'au 12 ventose an VIII. A cette époque du Gouvernement consulaire, une loi fit disparaître toute distinction entre les prévenus d'émigration et ceux qui réellement étaient hors de France. Elle déclara indistinctement soumis aux lois sur l'émigration, tous ceux qui avaient été inscrits sur les listes départementales, ou dont l'inscription avait été ordonnée par des arrêtés administratifs avant le 4 nivose précédent, jour de la mise en activité de la Constitution consulaire. Comme celle de 1791, elle laissait la liberté de sortir de France. Rien donc d'étonnant si la loi du 12 ventose an VIII, déclarait n'être point dans le cas de l'émigration, tout individu qui se serait absenté depuis le 4 nivose de la même année, ou qui s'absenterait à l'avenir. Ainsi, d'après cette loi, il n'y avait d'Émigrés que les individus sortis de France avant le 4 nivose de l'an VIII, et non rentrés en temps utile.

La preuve de l'émigration était acquise de plein droit par l'inscription sur les listes ou par des arrêtés administratifs suivis du séquestre. Il n'était plus permis, comme antérieurement, de justifier de sa résidence sur le territoire national; cette faculté ne fut plus accordée qu'à ceux qui, n'étant sur aucune liste, ni atteints d'aucun arrêté, étaient accusés de s'être absentés pendant la prohibition, et de n'être pas rentrés dans les délais fixés. La connaissance de cette sorte d'accusation fut attribuée aux tribunaux criminels ordinaires.

Les personnes qui étaient encore inscrites sur les listes fatales, quoique restées en France, ou rentrées en temps utile, se trouvèrent donc privées de la faculté de se faire rayer par voie de justice. Il fut pourtant prononcé beaucoup de radiations depuis cette loi, mais elles n'étaient plus que des grâces. Dès lors il ne s'agissait plus, pour les accorder, d'examiner si ceux qui les sollicitaient étaient ou non coupables ; il suffisait qu'on ne vît aucun inconvénient à leur permettre de revenir en France. C'est dans cette intention qu'un arrêté pris par le Gouvernement le 28 vendémiaire an IX, ordonna l'élimination d'un grand nombre d'inscrits sur les listes départementales, et y maintint tous ceux qui ne furent pas compris dans la classe des éliminés, lesquels, tout en obtenant leur grâce, furent assujettis à une surveillance particulière.

Quoique cet article fût favorable à la majeure partie des Émigrés, il n'en était pas moins dur pour ceux dont il prononçait la maintenue sur les listes fatales. Leurs réclamations furent entendues ; et, le 6 floréal an X, intervint le sénatus-consulte célèbre, qui, par forme d'amnistie, ouvrit les portes de la France à presque tous ceux qui en étaient encore éloignés. Bientôt même, un arrêté du Gouvernement, daté du 9 thermidor de la même année, permit de faire amnistier les Émigrés déjà décédés, afin d'appeler leurs héritiers à jouir des biens dont la remise était ordonnée en même temps.

Pourquoi n'est-ce pas du Corps législatif qu'est émanée cette amnistie presque générale ? Que de questions semblables n'aurait-on pas à faire, si l'on passait en revue tous les actes du gouvernement consulaire et impérial? Il nous semble pourtant que le chef de l'État ne s'est servi du sénat dans cette grave circonstance, que pour mieux faire sentir que les Émigrés rappelés ne recevaient qu'un pardon, et qu'ils en étaient redevables à la puissance politique. Il ne voulait pas qu'ils eussent le moindre prétexte de croire que justice leur était rendue; c'est ce qu'on aperçoit dans le préambule du sénatus-consulte, où il n'est énoncé que des motifs tirés de la situation politique de la France.

Eh! d'ailleurs, comment voir un acte de pure justice dans des dispositions qui ne prononçaient qu'une amnistie; qui en exceptaient jusqu'au nombre de mille individus, au choix du premier consul; qui mettaient les amnistiés sous la surveillance du Gouvernement pendant dix ans; qui ne rendaient qu'une partie des biens non aliénés, et qui refusaient même la portion prélevée sur les pères et mères des Émigrés, à titre de présuccession?

Était-il permis de fermer la voie de justice à ceux qui avaient été inscrits sur les listes de proscription, quoiqu'ils ne fussent pas sortis du territoire français? Cette question ne concerne pas ceux qui, dans le délai prescrit, n'avaient pas réclamé contre leurs inscriptions sur les listes départementales; ils y sont restés par leur faute. Mais au moment où parut la loi du 12 ventose an VIII, qui a confondu les simples prévenus d'émigration avec les véritables Émigrés, beaucoup d'inscrits avaient donné leurs réclamations en temps utile, et avaient produit les pièces justificatives de leur innocence ; devaient-ils s'attendre à n'être traités que comme des coupables qui obtenaient leur pardon?

Les partisans de cette grande mesure disent que les circonstances politiques la rendaient nécessaire. Suivant eux, la difficulté de reconnaître les individus qui avaient été injustement inscrits sur les listes départementales, augmentait chaque jour, à cause du nombre considérable de réclamans, ou plutôt de véritables Émigrés qui, par toutes sortes de moyens honteux, cherchaient à surprendre un arrêté de réintégration. Il valait mieux, ajoute-t-on, faire grâce à tous ceux qu'on pouvait laisser rentrer sans danger, que de s'exposer à commettre beaucoup d'erreurs, et à consacrer beaucoup de faux. Les certificats de résidence falsifiés s'étaient multipliés de la manière la plus scandaleuse.

Nous ne dirons rien de l'empressement que mettaient la majeure partie des Émigrés à se munir sans scrupule de pièces fausses, pour rentrer en France sous un Gouvernement qu'ils avaient regardé comme usurpateur; nous nous contenterons de remarquer que les lois sur l'émigration sont toutes du droit public, et ont été dictées par des motifs purement politiques.

Quoi qu'il en soit, il est certain qu'avant la loi du 12 ventose an VIII, tous ceux qui ont été effacés de la liste des Émigrés, par décision administrative, ont été réintégrés comme des accusés dont l'innocence a été reconnue; au contraire, tous ceux qui ne sont rentrés en France qu'en vertu de radiations postérieures au 12 ventose an VIII, ou par élimination, ou par amnistie, se sont trouvés dans la même position que des condamnés à qui il a été fait grâce. Les premiers sont rentrés dans tous les biens qu'on leur avait confisqués, et qui n'avaient pas encore été vendus; à l'égard des seconds, l'autorité a cru qu'elle pouvait imposer des conditions au pardon qu'elle leur accordait. En conséquence, par arrêté du 24 thermidor an IX, le Gouvernement, considérant que les bois confisqués se trouvaient réunis au domaine public, et que, par la loi du 2 nivose an IV, les forêts domaniales au-dessus de trois cents arpens étaient déclarées implicitement inaliénables, avait défendu de rendre aux Émigrés réintégrés les bois contenant plus de trois cents arpens.

Le sénatus-consulte de l'an X vint ensuite

aggraver les conditions imposées aux amnistiés; il excepta de la remise qui leur était faite :

1°. Leurs immeubles affectés à un service public, parce qu'on les regardait comme aliénés;

2°. Les droits de propriété que les amnistiés avaient exercés sur de grands canaux de navigation, parce que ces sortes de droits étaient considérés comme des portions qui avaient été distraites du domaine, et qui y étaient rentrées par l'effet de la confiscation.

3°. Leurs créances sur le Trésor, parce qu'elles avaient été éteintes par la confusion; la république, par la confiscation, étant devenue créancière et débitrice.

4°. Enfin les biens que l'État avait recueillis dans des partages de présuccession, c'est-à-dire les biens qu'il avait prélevés sur les pères et mères que les Émigrés avaient laissés en France.

Bienheureux donc les Émigrés qui ont pu se faire rayer des listes avant la loi du 12 ventose an VIII, ce sont des accusés acquittés; la mort civile ne les a point atteints, et ils n'ont été privés que de ceux de leurs biens qui n'avaient pas été vendus. La confiscation à leur égard n'a été que provisoire; on exerçait envers eux une véritable restitution.

Le sort des rayés postérieurement, ainsi que

des éliminés et des amnistiés, est très-différent. Ils sont réellement morts civilement, et sont restés dans cet état jusqu'à la grâce qui leur a été accordée, par radiation, élimination ou amnistie. La confiscation de leurs propriétés a été définitive ; on leur en a rendu seulement la portion que le pouvoir souverain a bien voulu détacher du domaine de l'État.

§ II.

Jurisprudence antérieure à 1814, sur l'Émigration.

Si l'on consulte la jurisprudence des Cours, et particulièrement de la Cour de cassation, on voit qu'elle est conforme à la législation, et qu'elle a toujours considéré les Émigrés réintégrés par forme de grâce, comme ayant été privés de la vie civile pendant tout le temps que leurs noms sont restés inscrits sur les listes départementales. Citons des exemples :

Premier. — M. D'Ecquevilly était mort en l'an II. Pendant son émigration, ses petites-filles, mesdemoiselles D'Esternat, ayant accepté sa succession, furent exposées aux poursuites de ses créanciers. Elles soutinrent qu'elles n'étaient pas héritières de leur aïeul, parce que son décès étant arrivé depuis qu'il était mort civilement, ses biens avaient été acquis à la république, dès avant sa mort naturelle qui, par conséquent, n'avait donné ouverture à aucune succession ; elles en concluaient que l'acceptation qu'elles avaient faite d'une succession qui n'existait pas, était radicalement nulle.

La cause, ayant parcouru les deux degrés de jurisdiction, parvint ensuite à la Cour de cassation. Il y intervint, le 5 thermidor an XII, un arrêt portant que mesdemoiselles D'Esternat n'avaient pas pu accepter la succession d'un Émigré mort civilement, et qu'elles en avaient été exclues par le fisc.

DEUXIÈME. — Pendant l'émigration du mari, la femme avait-elle besoin d'autorisation pour agir dans les affaires qui la concernaient? Non certainement, puisqu'elle n'était plus sous la puissance maritale ; mais le mari ayant été réintégré, a-t-il pu du moins attaquer comme nuls, les actes faits par sa femme, sans autorisation ? C'est demander si le mari réintégré est considéré comme n'ayant jamais perdu la vie civile. On doit répondre négativement, si le mari n'a été relevé de la mort civile que par forme de grâce.

Cette question s'est présentée dans l'affaire de madame Saffray, le 4 nivose an VII : elle avait vendu un immeuble de la succession de son père, et alors son mari absent était inscrit sur la liste des Émigrés. L'acquéreur, quelques années après, fut poursuivi pour payer son prix aux créanciers de madame Saffray; il soutint que la vente lui ayant été faite par une femme mariée sans autorisation de la justice, à cause de l'absence du mari, il ne pouvait pas être contraint à payer, sans avoir une garantie que la vente ne serait pas annulée, dans le cas où le mari serait rayé de la liste des Émigrés, en vertu du sénatus-consulte d'amnistie. C'était supposer que la réintégration du mari pourrait effacer les effets produits par la mort civile.

La Cour d'appel de Caen a décidé, le 18 nivose an XII, que la législation sur les Émigrés amnistiés, ou qui pourraient l'être, ne laissait aucun doute sur la validité de la vente faite par une femme dégagée de la puissance maritale, par l'effet de l'émigration, et l'acquéreur fut condamné à payer.

Sur le recours en cassation, le pourvoi a été rejeté; l'arrêt rendu le 22 floréal an XIII, distingue, dans le mariage, le lien qui tient uniquement au droit des gens, et les effets que lui donne le droit civil; c'est ce droit seul qui a établi la puissance maritale. L'Émigré non amnistié étant mort civilement, il est évident que le mariage a été dégagé des liens formés par le droit civil, et qu'ainsi la femme, entièrement libre comme une veuve, a pu agir sans autorisation quelconque, pendant la durée de l'émigration de son mari. L'amnistie que celui-ci pourrait obtenir ne devait pas avoir d'effet pour le passé; il n'y avait pas à craindre la nullité des actes faits par sa femme, dans un temps où elle avait cessé d'être sous sa puissance.

Troisième. — Jacques Thumin était mort le 28 floréal an III; son nom, inscrit sur la liste des Émigrés, n'en fut rayé que le 9 prairial an VIII, postérieurement à la loi du 12 ventose de la même année; conséquemment c'était par forme de grâce que sa mémoire avait été réintégrée.

Cependant ses enfans avaient fait des actes d'héritiers avant la radiation de leur père, et ils demandaient à en être relevés pour se soustraire aux poursuites de ses créanciers. Les tribunaux avaient accueilli leurs réclamations, et les créanciers s'étaient pourvus, afin de faire annuler les décisions qui les condamnaient; mais, par arrêt du 31 mars 1806, la Cour de cassation a jugé que les actes contestés étaient nuls, parce que jusqu'à la radiation de Jacques Thumin, les effets de la mort civile avaient subsisté; qu'ainsi les enfans n'avaient pas pu se porter héritiers de leur père, dans un temps où celui-ci était incapable de laisser une succession ; la sienne ne s'était ouverte que du jour où sa mémoire avait été réintégrée.

QUATRIÈME. — Madame Masson s'était rendue adjudicataire d'immeubles confisqués sur son mari Émigré. Par la suite, en vertu du sénatus-consulte de l'an X, M. Masson étant rentré en France, prétendit que les biens acquis pendant son absence par son épouse étaient des conquêts, qui, par conséquent, faisaient partie de la communauté.

La Cour d'appel de Besançon avait adopté ce système, sous prétexte que l'amnistié était réintégré dans ses droits civils, aussi-bien pour le passé que pour l'avenir ; d'où il fallait conclure que la communauté était censée n'avoir jamais été dissoute, et que les biens acquis par la femme étaient nécessairement des conquêts.

Sur le pourvoi de madame Masson, la décision de la Cour de Besançon fut cassée, par arrêt du 10 juin 1806, comme ayant violé les lois contre les Émigrés, la peine de la mort civile ayant eu des effets ineffaçables jusqu'au jour de l'amnistie.

CINQUIÈME. —Parmi les nombreux monumens qui établissent les mêmes principes, et dont nous ne choisissons que les plus connus, on est étonné, il faut en convenir, d'en trouver un qui fait disparate; ne craignons pas de le rappeler.

Julien Deloncelles, étant mort en émigration, fut amnistié sur la réquisition de ses héritiers. Il s'est agi ensuite de savoir, si les biens rendus par l'État appartiendraient aux parens plus proches, lors de la mort naturelle de l'amnistié, ou aux parens plus en degré de succéder au moment de la remise des biens.

La Cour d'appel de Caen avait décidé que l'amnistie effaçait l'état d'émigration seulement pour l'avenir; que si les biens étaient rendus, c'était une munificence du Gouvernement, faite aux héritiers alors existans, ceux qui ne vivaient plus au moment de la remise des biens n'étant plus capables de recevoir un bienfait.

Cette décision était conforme à la législation et à la jurisprudence constante. Cependant, par arrêt du 21 décembre 1807, elle a été cassée. Le motif était que, sur l'avis du Conseil d'État, un arrêté pris le 9 thermidor an X, par le Gouvernement, avait autorisé l'application de l'amnistie aux Émigrés décédés, pour faire jouir leurs héritiers de la remise des biens confisqués. Il semblait suivre de-là que les Émigrés amnistiés après leur décès, étaient censés morts en état d'amnistie, et que les biens rendus devaient appartenir à l'héritier capable de succéder le jour de la mort naturelle de l'amnistié, ou aux représentans de ces mêmes héritiers.

C'était évidemment faire une fausse application de la faveur accordée aux héritiers des Émigrés amnistiés après décès. Pour les Émigrés vivans, la Cour régulatrice jugeait constamment que l'amnistie produisait ses effets seulement à compter du jour où elle était obtenue; il en devait être de même de l'amnistie accordée à la mémoire des Émigrés décédés. Il n'y avait aucune raison pour que des héritiers fussent plus avantagés que ne l'aurait été leur auteur, si l'amnistie lui eût été accordée de son vivant. Il faut observer que la question de préférence entre des héritiers de différentes époques se présentait pour la première fois, et que sans doute, sur une question neuve, des circonstances particulières avaient fait pencher du côté des héritiers demandeurs.

Au reste, cet arrêt, nous le répétons, est le seul qui soit en opposition avec les principes. On ne voit nul autre cas où la Cour de cassation n'ait pas décidé que l'Émigré rayé par forme de grâce, n'a été réintégré que pour l'avenir. On verra par la suite que, sur la même question de préférence entre les héritiers d'un Émigré amnistié, ceux postérieurs à sa réintégration ont obtenu sa succession. Ainsi, une seule erreur dans l'application multipliée d'un principe incontestable, ne peut pas empêcher de regarder la jurisprudence comme établie constamment en faveur de ce même principe.

Sixième. — M. Griffon, pendant son émigration, et antérieurement au sénatus-consulte de l'an X, avait épousé mademoiselle Marotte. Il est rentré en France après avoir obtenu son certificat d'amnistie. Alors s'est élevée la question de savoir si son mariage était valable ; mademoiselle Marotte se refusait à être l'épouse de M. Griffon.

La Cour d'appel de Liége, donnant à l'amnistie l'effet d'effacer les traces de l'émigration pour le passé, avait prononcé la validité du mariage. L'arrêt fut cassé le 16 mai 1808, parce que, suivant la constante jurisprudence de la Cour de cassation, le mariage dont il s'agissait ne pouvait subsister civilement, sans donner un effet rétroactif à l'amnistie.

Septième.—Par un autre arrêt du 8 février 1810, la Cour de cassation a jugé que les enfans du prince de Berghes n'avaient pas pu faire des actes valables, comme héritiers de leur père, mort en état d'émigration, parce que sa succession n'a pu s'ouvrir qu'à l'époque où il a été amnistié.

Ces citations, qu'on pourrait multiplier, prouvent évidemment que la jurisprudence, avant 1814, conforme à la législation existante, a constamment considéré les Émigrés réintégrés par forme de grâce, comme n'ayant recouvré la vie civile que pour l'avenir; et que les effets de l'émigration ont toujours été maintenus pour le passé.

§. III.

Ce qui a été réglé spécialement sur les dettes des Émigrés, avant 1814.

Après avoir examiné la législation et la jurisprudence relative à l'émigration, dans ses effets généraux avant 1814, voyons ce qu'il y avait alors de spécial aux dettes des Émigrés.

Dès que la confiscation a été prononcée par la loi du 27 juillet 1792, l'État, par ce seul fait, a été tenu d'acquitter les dettes qui grevaient les biens dont il profitait; de tout temps il est reconnu que les objets confisqués passent au fisc tels qu'ils sont et avec toutes leurs charges.

Il faut pourtant observer que par l'ordonnance de 1559, François Ier a regardé les biens confisqués pour crime de lèse-majesté ou pour conspiration contre le royaume, comme déchargés de toutes dettes, même du douaire et des substitutions.

Mais cette exception, pour certains cas seulement, prouve que la règle existe, *exceptio confirmat regulam*. D'après les motifs qui avaient fait bannir les Émigrés, la législature d'alors aurait pu invoquer l'exception posée par François Ier, puisqu'ils étaient considérés comme coupables de conspiration contre l'État; mais dans la législation nouvelle, on ne s'est pas prévalu de l'ordonnance de 1559. Il n'en faut donc pas douter: par la confiscation prononcée contre les Émigrés, l'État a été chargé d'acquitter leurs dettes, en vertu du principe général.

Cependant ce n'est pas à titre de succession que l'État recueille les biens confisqués, car il n'est tenu des charges que jusqu'à concurrence de la valeur des biens. C'est pourquoi il faut que la confiscation commence par un inventaire des meubles et titres et par un état des immeubles. Le fisc est alors comme un héritier sous bénéfice d'inventaire. Ce ne serait que faute de faire constater les biens dont il prend possession, qu'il serait tenu de payer la totalité des dettes, sans examiner si elles excèdent ou non la valeur des objets qui en étaient le gage.

Si l'on demande pourquoi aucune des lois qui ont ordonné la confiscation des biens des Émigrés, n'ont parlé du paiement des dettes, on répond que le principe qui fait passer les biens avec leurs charges, étant incontestable, il n'était pas besoin d'en parler. Au reste cette lacune a été remplie : le décret rendu par la Convention nationale, le 1er floréal an III, déclare que les créanciers des Émigrés sont créanciers directs de la République, et il leur ordonne de produire leurs titres dans le délai de quatre mois, pour se faire liquider. Ce terme a été prorogé plusieurs fois : la dernière prorogation a été accordée par un décret impérial du 25 février 1808; il déclare en outre définitivement déchus de la faculté de se faire payer par l'État, tous les créanciers qui n'auraient pas produit leurs titres assez à temps pour être liquidés avant le 1er janvier 1810.

Aussitôt que les créanciers des Émigrés se sont vus renvoyés à l'État par la loi du 1er floréal an III, pour être payés, beaucoup se sont présentés à la liquidation et ont reçu le montant de leurs créances, d'après le mode de paiement établi alors. On refusait pourtant ceux dont les débiteurs avaient été réintégrés. On disait qu'en reprenant la vie civile, ils avaient repris également l'obligation de payer leurs dettes anciennes.

Rien de plus conforme aux principes, en ce qui concernait les Émigrés réintégrés par voie de justice; jusqu'à leur radiation, ils n'étaient que prévenus d'Émigration. Ils avaient eu la faculté, en justifiant de leur résidence sur le territoire français, de se faire déclarer innocens du fait d'émigration. Dès lors la mort civile, dont ils n'avaient été que menacés, n'avait pas frappé sur eux. La confiscation n'avait été à leur égard qu'une mesure provisoire, qui n'avait pas opéré la réunion définitive de leurs biens au domaine public. L'État ne s'était chargé de payer leurs dettes que provisoirement. En faisant décider par voie de justice, et après examen rigoureux de leurs certificats de résidence, que leur situation n'avait pas changé, assurément les rapports primitifs qu'ils avaient eus avec leurs créanciers, n'avaient éprouvé aucune altération, et par conséquent l'obligation de payer leurs dettes restait la même.

En pouvait-il être ainsi de ceux qui n'avaient été réintégrés que par grâce, c'est-à-dire depuis la loi du 12 ventose an VIII, et notamment en vertu du sénatus-consulte du 6 floréal an X ? Non ; cette loi, article premier, porte : « Amnistie est accordée, pour fait d'émigration, à tout individu qui en est prévenu et qui n'est pas rayé définitivement. »

Cette disposition qui fait grâce, s'étendait à tous ceux qui étaient encore inscrits comme Émigrés, et qui n'étaient pas compris dans l'exception prononcée contre ceux que désignait l'article 10 du même sénatus - consulte. On y voit aussi pourquoi on avait renoncé à la voie de justice, au préjudice de ceux à qui on ne pouvait pas reprocher le fait d'émigration. On préférait une mesure qui faisait « cesser les incertitudes et les lenteurs résultant des formes établies pour la radiation; » ce sont les termes de la loi; elle considérait ensuite « que cette mesure n'a pu être *qu'une amnistie qui fit grâce* au plus grand nombre. »

Nous ne répéterons pas ce que nous avons dit au paragraphe précédent, sur cette manière de considérer indistinctement tous les prévenus d'émigration comme des coupables qu'on force à accepter un pardon, tandis que beaucoup ne demandaient que justice. Nous devons nous arrêter au fait certain; c'est que, par des motifs politiques, les amnistiés comme les éliminés, ainsi que les rayés depuis la loi du 12 ventose an VIII, n'ont reçu qu'un pardon. Ils ont donc été frappés de mort civile, pendant tout le temps qu'a duré leur inscription sur les listes départementales; la confiscation sur eux a opéré la réunion définitive de leurs biens au domaine de l'État. En les rappelant à la vie civile, et en les réintégrant dans leurs anciennes possessions, l'autorité a pu imposer des conditions à la grâce qu'elle accordait.

Le sénatus-consulte ne s'explique pas sur les dettes que les amnistiés avaient contractées avant leur émigration, parce que, suivant les principes de la confiscation, les biens étaient rendus comme ils avaient été pris, c'est-à-dire avec les charges dont ils étaient grevés. Voilà pourquoi les créanciers qui s'étaient présentés à la liquidation pour se faire payer par l'État, en étaient renvoyés à mesure que leurs débiteurs obtenaient, ou des arrêts de radiation, ou leur élimination, ou leur certificat d'amnistie, et la pleine jouissance des biens qui leur étaient rendus. La liquidation n'avait plus à régler qu'avec les créanciers dont les débiteurs n'avaient pas profité de l'amnistie. C'est pour ces seuls créanciers que, depuis le sénatus-consulte, le délai pour se faire liquider a été prorogé ; à eux seuls s'adressait la déchéance prononcée par la loi du 25 février 1808. Cette déchéance n'a-t-elle enlevé que la faculté de se faire payer par l'État, et a-t-elle laissé le droit de recourir contre les débiteurs primitifs qui seraient réintégrés par la suite? C'est ce qu'on verra bientôt. Arrêtons-nous pour le moment au point non contesté. L'État s'est constamment regardé comme déchargé des dettes des Émigrés, à compter du jour où il leur rendait les biens non vendus et non réunis définitivement au domaine public. La jouissance qu'il avait eue des biens confisqués, était la seule cause de l'obligation où il était de satisfaire les créanciers; du moment où cette cause n'a plus existé, l'obligation a cessé de subsister. *Cessante causâ, cessat effectus.*

Le principe est évident: la confiscation n'est pas un titre de succession; l'État, devenant simple détenteur à cause de la condamnation, ne contracte l'engagement de payer les dettes que jusqu'à concurrence de la valeur des biens dont il profite. On a invoqué le droit romain pour soutenir le contraire; mais les textes dont on s'étayait ne prouvent point ce qu'on voulait établir. Aussi, jamais on n'a réussi à faire adopter que l'État, s'étant chargé des dettes des Émigrés, ceux-ci ne pouvaient plus en être tenus, même après avoir repris la jouissance de leurs biens. Comme la jurisprudence, sur ce point, est constante, il est inutile de discuter en ce moment le motif sur lequel elle est fondée. Ce paragraphe est destiné seulement à faire connaître ce qui se pratiquait avant 1814, par rapport aux dettes des Émigrés.

Du moins, dit-on, n'était-il pas juste que le fisc acquittât une partie des dettes en proportion de la valeur des biens qu'il avait vendus à son profit, et de ceux qu'il ne remettait pas, quoique restés en nature dans sa possession ?

Nous répondons en rappelant les motifs des lois qui ont séquestré, et ensuite confisqué les biens des Émigrés. « Il était instant (est-il dit dans celle du 9 février 1792) d'assurer à la nation l'indemnité qui lui était due, pour les frais extraordinaires occasionnés par la conduite des Émigrés. » En accordant à ceux-ci leur pardon, le Gouvernement, qui les regardait comme coupables, a donc pu fixer l'indemnité qu'il prétendait leur faire supporter : elle a consisté dans le prix des objets vendus et dans les biens déclarés définitivement réunis au domaine. Une conséquence nécessaire de cette manière de voir, était que l'État se trouvait déchargé de toutes les dettes des Émigrés, dès qu'il rendait tous les biens qui n'entraient pas dans l'indemnité.

On ajoute, pour cette opinion, que l'autorité, au surplus, a pu imposer à sa libéralité les conditions qu'elle a jugées convenables. Voilà bien pour les individus réellement Émigrés ; mais ceux qui avaient été injustement prévenus d'émigration, devaient-ils être traités de même ? Les amis de la révolution eux-mêmes ne balancent pas à répondre que non, si l'on suivait le droit commun ; mais, disent-ils, l'émigration a toujours été placée par les assemblées nationales, par la Convention et par les gouvernemens qui lui ont succédé, au nombre des délits politiques : elle a été soumise à une législation spéciale, dans laquelle on n'a dû consulter que les circonstances. On se trouvait dans l'impossibilité d'être juste envers chaque individu, et il était nécessaire de ne pas commettre une injustice envers la patrie. On crut qu'il n'y avait pas à balancer, l'intérêt public devant toujours l'emporter sur l'intérêt particulier. Dans les tribunaux mêmes où l'on se règle sur le droit civil, souvent il arrive que, par motif d'utilité générale, on est forcé de condamner une partie à qui on ne peut reprocher aucune mauvaise foi. De-là cet arrêté pris par le Gouvernement, le 21 floréal an XI, et qui déclarait que les créanciers des Émigrés rayés, éliminés et amnistiés pouvaient les actionner; il comprend même tous les créanciers qui, ayant produit leurs titres à l'État, n'avaient pas encore été payés. A l'égard de ceux dont les créances se trouvaient liquidées, quand leurs débiteurs ont profité de l'amnistie; devaient-ils être considérés comme créanciers de l'État, ou fallait-il aussi les renvoyer à se pourvoir contre leurs débiteurs originaires ? La reconnaissance de la liquidation, délivrée à ces mêmes créanciers, n'était-elle pas un titre qui déclarait l'État définitivement leur débiteur?

Comme les créanciers munis de ces sortes de reconnaissances, ne devaient être payés qu'en inscriptions sur le grand livre de la dette publique, avec perte de deux tiers, il en est qui ont voulu rendre leur reconnaissance de liquidation, et reprendre leurs titres, pour s'adresser directement à leurs créanciers primitifs, dans l'espoir d'en être remboursés complétement. Quelques préfets s'y sont refusés, parce que la liquidation était terminée. Ils croyaient que l'État s'était alors reconnu définitivement débiteur, et que la novation s'était opérée. Mais les arrêtés de ces préfets ont été annulés par des décrets du Gouvernement, qui tous, uniformément, ont ordonné que les titres liquidés seraient rendus aux créanciers, pour en faire l'usage qu'ils voudraient contre leurs débiteurs originaires. Il fut ordonné aux créanciers réclamans de remettre, en échange de leurs titres, les reconnaissances de liquidation et les mandats d'arrérages qui leur avaient été délivrés.

La jurisprudence des tribunaux a constamment été conforme à ces décisions de l'autorité administrative. Les porteurs de titres contre les Émigrés rayés, éliminés ou amnistiés, ont toujours obtenu des condamnations contre leurs anciens débiteurs. En vain ceux-ci se sont-ils pourvus en cassation ; la Cour régulatrice a toujours maintenu en principe, que la confiscation n'avait chargé l'État d'acquitter les dettes , qu'à titre de possesseur des biens ; qu'ainsi les biens étant rendus , l'État n'était plus tenu de payer les créanciers , et qu'au contraire , en rentrant dans leurs droits actifs , les Émigrés rentraient également dans leurs droits passifs.

Aux créanciers qui ne s'étaient pas présentés à la liquidation de la dette publique, on a opposé inutilement la déchéance prononcée contre eux par la loi du 25 février 1808. Il a toujours été jugé que cette déchéance ne pouvait profiter qu'à l'État. Les relations des Émigrés avec leurs créanciers était rétablies , le droit public cessait de régir les parties qui devaient suivre le droit privé ; l'extinction des dettes ne pouvait donc avoir lieu que par la prescription ordinaire.

L'autorité judiciaire , dit-on, aurait donc par-là décidé , du moins implicitement, que tous les Émigrés réintégrés étaient censés n'avoir jamais cessé de jouir de leurs droits. Erreur ! En même temps qu'on les assujettissait aux charges dont étaient grevés les biens qui leur étaient rendus, on maintenait tous les effets de la mort civile pour le passé. Les arrêts que nous avons cités dans le paragraphe précédent , attestent cette vérité de la manière la plus évidente.

Si donc les Émigrés ont constamment été condamnés à payer leurs anciennes dettes, ce n'est pas que leur réintégration, obtenue à titre de grâce, ait effacé les traces de l'émigration et de la confiscation, pour le temps qu'a duré leur mort civile. Ces débiteurs ont été rendus à leurs premières obligations, parce que l'État n'avait été chargé de leurs dettes que comme détenteur de leurs biens. En les remettant aux ci-devant propriétaires, l'État cessait sa possession; par conséquent, il n'était plus tenu des charges que la seule qualité de détenteur lui avait imposées, et qui passaient avec les biens rendus.

A l'objection tirée de ce que les Émigrés ne sont pas rentrés dans la totalité de leurs biens confisqués, on répondait que l'indemnité qu'ils devaient à l'État, a été fixée à la valeur des objets vendus ou réunis au domaine public.

Ce n'était pas, disait-on, une indemnité, puisqu'elle n'a pas été répartie entre tous les Émigrés également, ou au moins proportionnellement aux biens confisqués sur chacun d'eux. Vaine objection : toute indemnité est due solidairement par ceux qui ont coopéré au dommage dont elle est la réparation. Ce n'est pas la conduite de chaque Émigré isolément qui a causé des dépenses extraordinaires à l'État. Leur absence n'était d'aucune importance par elle-même;

c'était par leur coalition et leurs menées concer-
tées chez l'étranger, qu'ils ont occasionné des
frais considérables à l'État.

Nous ne faisons que rapporter ici les motifs
qui déterminèrent le Gouvernement, sans chercher à les apprécier dans un écrit qui n'est point
destiné à des discussions politiques. Ces Émigrés
étaient regardés comme coupables; on agissait
conséquemment à cette idée, juste ou non, en
les condamnant à des dommages et intérêts.

Des moyens avaient été pris pour essayer de
reconnaître les inscrits par erreur sur les listes
départementales. Il y a eu impossibilité de réus-
sir dans cette recherche, comme le déclare le
sénatus-consulte de l'an X. Le Gouvernement,
devenu assez fort pour n'avoir plus à redouter
les Émigrés, eut recours à une mesure générale
qui les réintégrait presque tous, et qui les assujettissait tous à l'indemnité qu'il exigeait. Sans
doute qu'on a atteint plusieurs individus qui
n'avaient pas participé au dommage causé; mais
l'intérêt public, disait le Gouvernement, ne permettait pas de faire autrement.

Laissons à l'histoire le soin de juger le grand
procès de la révolution, et contentons-nous de
rappeler ce qu'elle a produit, concernant l'émigration. Déjà nous avons vu les lois principales,
les actes les plus importans du Gouvernement

et les monumens les plus respectables de la jurisprudence sur cette matière, pour les temps
antérieurs à 1814; passons à ce qui est émané
sur le même objet, soit de la puissance législative, soit de l'autorité judiciaire, postérieurement
à la Restauration.

ARTICLE II.

Législation et Jurisprudence sur l'Émigration, depuis 1814.

Dans un premier paragraphe, nous parlerons
des actes législatifs publiés sur les Émigrés depuis le retour du Roi en France. Un second paragraphe rendra compte de la manière dont la
Cour de cassation a entendu cette nouvelle législation; on verra dans un troisième comment
l'ont expliquée les Cours royales.

Il ne sera pas parlé dans cet article des dettes
des Émigrés, parce que cette matière sera traitée
particulièrement dans l'article suivant. Il est nécessaire, avant de s'en occuper, de connaître
comment les lois et la jurisprudence ont consi-

déré l'état des Émigrés avant et depuis leur réintégration.

§ Ier.

Lois rendues sur les Émigrés depuis le retour du Roi.

———

Le premier acte par lequel la puissance souveraine a marqué le rétablissement de la famille
royale sur le trône de France est la Charte constitutionnelle. Contient-elle quelque disposition
qui anéantisse les effets qu'ont produits antérieurement les lois sur l'émigration et la confiscation ? Non : elle ne donne même pas lieu de
soupçonner qu'elle ait voulu revenir sur le
passé. Ce Pacte fondamental commande l'union,
promet la liberté si long-temps desirée, si vainement attendue, mais une liberté renfermée
dans des limites justes et raisonnables. C'est ce
qui explique l'enthousiasme avec lequel le retour du Roi a été célébré; il promettait de nous
délivrer du despotisme, mais il était loin de proscrire tout ce qui avait été établi pendant la révolution, et encore moins ce qui avait été réglé
sur le sort des Émigrés. La preuve en est dans
cette Charte qui déclare valables les ventes des
biens nationaux, dans lesquels étaient compris
ceux confisqués pour cause d'émigration.

Cette disposition, premier témoignage de sé-curité donné à la nation, constate que les Émi-grés devaient à l'État des dommages et intérêts; car, en leur défendant d'attaquer les ventes faites à leur préjudice, on ne leur donne pas même l'espoir de réparer la perte que ces mêmes ven-tes leur ont occasionnée. Cependant, en confir-mant tout le passé concernant les Émigrés, le gouvernement paternel du Roi conservait la faculté de diminuer, autant qu'il le pourrait, l'im-demnité à laquelle ils avaient été assujettis.

Pour satisfaire un desir qu'elle avait de témoi-gner sa bienveillance aux Émigrés, Sa Majesté rendit d'abord l'ordonnance du 21 août 1814, en faveur de ceux qui avaient dédaigné l'amnis-tie offerte par le sénatus-consulte de l'an X., ou qui en avaient été exceptés. Cette ordonnance bienfaisante déclare que « tous les Français exer-
» cent les droits politiques et civils, nonobstant
» toute inscription sur les listes des Émigrés, les-
» quelles demeurent abolies, *à compter du jour*
» *de la publication de la Charte constitutionnelle,*
» sous la réserve expresse des droits acquis à
» des tiers. »

Quel est le bon citoyen qui n'a pas applaudi à cet acte de la bonté du Monarque? Lorsqu'il voulait l'union entre tous les membres de la na-tion, il fallait bien ne laisser subsister aucune trace de proscription ; mais fidèle à sa promesse royale de ne pas condamner les lois portées contre les Émigrés, il n'a rappelé ceux qui étaient encore inscrits sur les listes fatales, qu'à compter du jour où le Pacte d'union générale a été promulgué.

D'après cette disposition qui maintient la législation sur l'émigration pour les temps qui ont précédé la constitution royale, il faut considérer les Émigrés réintégrés par forme de grâce, c'est-à-dire depuis la loi du 12 ventose an VIII, comme ayant éprouvé les effets de la mort civile, jusqu'au jour où ils ont été rayés, ou éliminés, ou amnistiés sous les précédens gouvernemens, ou enfin rendus à la société par l'ordonnance du Roi.

Après avoir ainsi aboli les inscriptions sur les listes de proscription, à compter du jour de la réconciliation générale, ce qui signifie, pour l'avenir seulement, la bonté de Sa Majesté, pour venir au secours des Émigrés ou de leur famille, l'a portée à proposer de leur rendre encore quelque chose, mais uniquement ceux de leurs immeubles qui étaient restés en nature dans les mains du fisc. Le Roi pensait que leurs biens aliénés au profit de l'État ; que leurs meubles dont l'État avait la possession, comme les statues, les bibliothèques et autres objets qui ornaient et enrichissaient les monumens; que les rentes et les créances dont l'État avait été leur débiteur; qu'enfin les fruits perçus depuis long-temps, formaient des valeurs suffisantes pour acquitter les indemnités auxquelles les avaient condamnés les gouvernemens précédens.

Les Chambres ont applaudi au sentiment de générosité qui animait le Monarque, et le projet fut converti en loi. L'article 2 s'exprime en ces termes : « Tous les biens *immeubles* séques-» trés ou confisqués pour cause d'émigration, » ainsi que ceux advenus à l'État par suite de » partage de succession ou de présuccession, » qui n'ont pas été vendus *et qui font actuellement* » *partie du domaine de l'État*, seront rendus à » ceux qui en étaient propriétaires, ou à leurs » héritiers ou ayant cause. »

Les immeubles ayant appartenu aux Émigrés, et se trouvant encore dans le domaine de l'État, sont donc les seuls biens qui leur sont remis. Pour le surplus de ce qui a été confisqué sur eux, et qui reste à la disposition du Gouvernement, il ne leur est pas même promis le moindre dédommagement. Ils n'a donc pas été dans l'intention du Roi, ni des Chambres, d'opérer en faveur des Émigrés une restitution entière et complète. Cette loi ne les traite donc pas comme des condamnés injustement, dont l'innocence est enfin reconnue. On ne veut pas reviser leurs procès; on croit seulement que l'indemnité à laquelle ils avaient été assujettis est trop forte; et qu'il est de justice naturelle autant que d'humanité de venir à leur secours, en leur rendant une partie seulement des biens restés dans le domaine public.

On était si éloigné de détruire tous les effets de l'émigration et de la confiscation pour le passé, que, pour ôter tout prétexte de donner une pareille interprétation à la remise qu'on faisait d'une partie des biens confisqués, la Chambre des Députés a substitué le mot *rendu* au mot *restitué* qui se trouvait dans le projet de loi. Il y aurait en effet contradiction à n'abolir les inscriptions sur les listes des Émigrés, qu'à compter du jour de la Charte constitutionnelle, comme l'avait fait l'ordonnance royale, et à dire que les immeubles des Émigrés leur seraient *restitués*. Si ces derniers ont été, sinon justement, du moins légalement inscrits sur les listes, si les effets produits par ces inscriptions ne sont pas détruits pour le passé, la confiscation totale a été légale. Voulait-on employer une portion à secourir les anciens propriétaires ? ce ne pouvait être qu'à titre de bienveillance, et nullement par voie de restitution.

Une autre contradiction se faisait sentir; on

aurait restitué, c'est-à-dire qu'on aurait reconnu l'injustice de la confiscation, et pourtant la restitution n'aurait eu lieu que pour une portion des biens confisqués, et même pour une portion seulement de ceux que le Gouvernement possédait encore ! C'eût été trop inconséquent.

On objecte que la différence entre le mo *restitué* et le mot *rendu* n'est pas grande. Sans qu'il soit besoin d'entrer ici dans une discussion purement grammaticale, il nous suffit de dire que la puissance législative ayant cru que *rendre* des biens n'était pas les *restituer* ; c'en est assez pour démontrer qu'il n'a pas été dans son intention d'opérer une restitution.

A ces différentes preuves de la volonté où était le législateur, de continuer à considérer les biens d'Émigrés comme légalement confisqués, s'en joint une autre tirée des propres expressions de la loi du 5 décembre 1814. Ces immeubles, qu'elle se borne à rendre, sont ceux qui ont été *confisqués ou séquestrés pour cause d'émigration et qui font actuellement partie du domaine de l'État.*

La loi reconnaît donc que la confiscation a eu l'effet de rendre l'État propriétaire des biens des Émigrés, et qu'au moment où elle désignait les biens à rendre, ils faisaient encore partie du domaine de l'État. La remise qui en a été faite

en vertu de cette loi, n'est donc pas une restitution, puisque les objets dont elle disposait
pour venir au secours des Émigrés, appartenaient légalement à l'État.

Enfin, pour achever de lever tous les doutes
et convaincre que la loi du 5 décembre 1814,
conforme à la Charte et à l'ordonnance royale de
la même année, n'a pas entendu détruire les
effets de la confiscation pour le passé, il n'est
besoin que de lire l'article premier de cette loi.
Avant tout, elle a voulu s'expliquer sur ce qui
avait été établi concernant cette matière, pendant la révolution, afin qu'on ne pût se mé-
prendre sur le sens des dispositions qui allaient
être portées. Cet article premier s'exprime en
ces termes : « Sont maintenus et sortiront leur
plein et entier effet, soit envers l'État, soit envers les tiers, tous jugemens et décisions rendus, tous actes passés, tous droits acquis avant
la publication de la Charte constitutionnelle, et
qui seraient fondés sur des lois et des actes du
Gouvernement, relatifs à l'émigration. »

Pouvoit-on déclarer d'une manière plus positive, que les lois et les actes relatifs à l'émigration conserveraient leur force pour le passé, et
que par conséquent tous jugemens, tous actes,
tous droits acquis en vertu de cette législation,

devaient toujours subsister pour les effets qu'ils avaient produits.

Ce n'est donc pas à titre de restitution, que l'article 2 de la même loi ordonne la remise seulement des immeubles disponibles, sans dédommagement pour ceux aliénés, et sans rendre les meubles encore en nature dans le domaine, ni les rentes, ni les créances sur le trésor royal.

S'il s'agissait de restitution, telle qu'elle est due à des prévenus acquittés, l'article 3, dirait-il qu'il n'y aura lieu à aucune réclamation pour les fruits perçus par l'État pendant la durée de leur confiscation? L'article 7 aurait-il excepté de la remise les biens affectés à un service public, tant qu'il sera jugé nécessaire de leur laisser cette destination, et sans aucune indemnité? Enfin, l'article 8 aurait-il déclaré que ne seraient pas compris dans les biens rendus, ceux dont il a été disposé définitivement en faveur des hospices, maisons de charité et autres établissemens de bienfaisance? Quand on se croit tenu à une restitution, ce n'est pas avec tant de restrictions qu'on se libère.

Concluons donc que la loi du 5 décembre 1814 accorde seulement un secours aux Émigrés; que bien loin d'avoir effacé les effets de l'émigration, elle les a maintenus pour le passé. Les Émigrés ne sont réintégrés complétement pour l'avenir que dans l'exercice de leurs droits civils, mais non pas dans la jouissance de tous leurs biens, puisqu'il y en a une portion assez considérable dont ils sont privés, et que l'État ne rend pas même tous ceux dont il pourrait encore disposer.

Ainsi, ce n'est pas à titre de justice que, pour l'avenir, les Émigrés sont replacés, par l'ordonnance royale de 1814, au nombre des citoyens. C'est évidemment une grâce qui leur est faite. La loi du 5 décembre 1814 ne leur accorde qu'un secours, une diminution de l'indemnité qu'ils devaient à l'État : s'obstiner à soutenir, malgré les preuves écrites dans cette nouvelle législation, que les Émigrés on été déclarés n'être jamais morts civilement et n'avoir jamais encouru la confiscation, c'est accuser le Roi d'injustice, pour n'avoir proposé qu'une remise partielle des biens, quand elle aurait dû être complète; c'est blesser la Charte, que la France doit à la bonté et aux lumières de ce Monarque; c'est insulter aux Chambres et à la nation qu'elles représentent.

La loi de 1814 contient d'autres dispositions dont on argumente de part et d'autre différemment, pour ou contre les créanciers des Émigrés. Nous n'en parlons pas ici, parce qu'elles ont un rapport plus direct à ce qui fera la matière de l'article suivant. L'objet de celui-ci était de faire connaître la législation et la jurisprudence postérieures à la Restauration, et relatives aux Émigrés. Nous venons de voir ce que prescrivent à ce sujet la Charte constitutionnelle, l'ordonnance royale qui abolit les inscriptions sur les listes départementales, la loi qui ensuite a rendu une partie des biens que possédait encore le domaine public. Il reste à connaître comment l'autorité judiciaire a fait l'application de ces monumens de la législation de Louis XVIII.

§ II.

Jurisprudence de la Cour de cassation sur l'Émigration, depuis 1814.

———

Sous le gouvernement républicain et sous le gouvernement impérial qui ont porté les lois concernant l'émigration, il ne pouvait s'élever aucun doute sur leur effet. Lors donc qu'il s'agissait de déterminer à qui devaient appartenir les biens rendus, c'était évidemment à l'Émigré lui-même, s'il était vivant; quand il était décédé, on distinguait si son nom avait été effacé de la liste départementale, avant la loi du 12 ventose an VIII, c'est-à-dire à titre de justice, ou bien postérieurement, et par conséquent à titre de grâce. Dans le premier cas, l'inscrit était censé n'avoir jamais encouru la mort civile, et sa succession était dévolue, selon les règles du droit privé, à ceux qui avaient le droit de lui succéder le jour de son décès. Ainsi, avait-il institué un légataire universel? ce dernier entrait en possession des biens rendus, à l'exclusion de tous autres; et si sa succession appartenait à ses héritiers naturels, on reconnaissait pour tels ceux qui vivaient au jour de l'ouverture de sa succession.

Était-ce par forme de grâce que le nom de l'inscrit avait disparu de la liste? On le considérait comme un condamné à qui on a pardonné. Ayant perdu la propriété de ses biens par la confiscation, il ne s'est point ouvert de succession à son décès. Lors donc que, dans la suite, ses biens ont été rendus à sa famille, ils n'ont été dévolus qu'à ceux de ses parens en degré de les recueillir, le jour où le domaine en était dessaisi, parce qu'à cette seule époque les mêmes biens cessaient d'être une propriété nationale.

Ce qui concernait les dettes des Émigrés ne présentait pas non plus la moindre difficulté. L'État ne s'était chargé de les acquitter qu'en qualité de confiscataire, et seulement jusqu'à concurrence des valeurs confisquées. Du moment où l'État n'était plus détenteur des biens, il cessait d'être tenu des charges qui les grevaient. Devenus soumis au droit privé, les biens et les dettes passaient aux personnes à qui ils étaient rendus. L'autorité judiciaire a toujours décidé que les Émigrés réintégrés rentraient nécessairement dans leurs droits passifs, comme dans leurs droits actifs; on ne pensait pas même à faire contribuer l'État au paiement des dettes, en proportion des biens qu'il avait aliénés à son profit, ou qu'il gardait en nature. On considérait cette perte éprouvée par les Émigrés, comme une indemnité des dépenses extraordinaires qu'ils avaient causées à la nation par leur conduite hostile.

Ce système constamment suivi avant le rétablissement de la monarchie royale, a-t-il dû changer depuis le retour des Bourbons? La réponse est dans la Charte constitutionnelle, dans l'ordonnance du Roi du 21 août 1814, et dans la loi du 5 décembre suivant. Nous avons démontré au paragraphe précédent, que ces monumens respectables d'une législation émanée de la bonté du Monarque, laissent subsister tous les effets produits antérieurement par les lois sur l'émigration. Est-ce ainsi que la Cour de cassation a interprété l'intention du législateur? Nous ne craignons pas d'être démentis, en assurant qu'elle n'a jamais prononcé dans un autre sens.

Nous ne citerons que trois arrêts de cette Cour régulatrice ; l'un, rendu le 7 août 1820 , sur la contestation relative à M. Georges-Gaspard Peschery ; et le second prononcé le 25 janvier 1819, dans l'affaire de M. d'Espinay de Saint-Luc, contre l'abbé Duclaux ; l'autre, du 3 janvier 1821, rendu en faveur des mineurs de Béthune, contre les comtes de Carnin ; ils suffiront pour faire connaître comment les effets de l'émigration et de la confiscation doivent être maintenus pour le passé, par l'autorité judiciaire.

PREMIER ARRÊT DE CASSATION.

Les deux frères Georges-Gaspard Peschery et Sébastien Peschery étaient sortis de France, pendant les troubles révolutionnaires, et leurs biens avaient été confisqués. Georges-Gaspard mourut en état d'émigration, le 10 germinal an VIII. Il n'avait pour unique héritier, dans l'ordre naturel, que son frère qui, étant mort civilement comme émigré aussi, ne pouvait pas lui succéder. D'ailleurs le décès de Georges-Gaspard Peschery , mort en état d'émigration, ne donnait ouverture à aucune succession, tous ses biens ayant été réunis au domaine national par la confiscation.

Le survivant des deux frères, voulant user du bénéfice de l'amnistie prononcée par le sénatus-consulte de l'an X, obtint son certificat, le 18 frimaire an XI. Il fit ensuite étendre cette grâce sur la mémoire de son frère, décédé ; le certificat d'amnistie de ce dernier fut délivré le 14 prairial suivant.

Tous ceux des biens confisqués sur les deux frères, et qui étaient encore disponibles, furent rendus à Sébastien Peschery. Il n'est pas douteux qu'il reçut de son chef ceux qui lui avaient appartenu ; mais avait-il eu le droit de recueillir ceux dont son frère avait été propriétaire ? Cette question ne fut point agitée pendant que dura la possession de Sébastien Peschery.

Après son décès, sa succession fit l'objet d'une contestation sérieuse ; nulle difficulté sur les biens qui lui avaient été rendus comme en ayant été propriétaire. Ils étaient échus aux sieurs Kechlin et Dolphus, ses ayant-cause. Mais les biens que le dernier défunt avait reçus, comme ayant appartenu à son frère, étaient réclamés par M. de Cointe et autres collatéraux ; ils prétendaient en avoir hérité directement de Georges - Gaspard Peschery, à l'exclusion du frère qui lui avait survécu. Sébastien, disait-on, était encore en état de mort civile, quand le décès de Georges-Gaspard est arrivé. Les biens rendus ensuite, comme ayant appartenu à ce dernier, avaient donc été induement recueillis par Sébastien, alors incapable de succéder ; ses ayant-cause par conséquent ne pouvaient y prétendre plus de droit que leur cédant.

Suivant les collatéraux, la succession de Georges-Gaspard Peschery s'était ouverte le jour de son décès, parce que, disaient-ils, l'amnistie accordée postérieurement, le faisait considérer comme n'ayant pas émigré, et comme étant mort *integri status*; ils se fondaient sur la loi du 8 messidor an VII; elle abandonne aux héritiers même collatéraux, les successions des Émigrés décédés en état de mort civile, et dont la mémoire ensuite serait purgée. Elle a donc substitué au fisc les héritiers existans au moment du décès. Pour le prouver, on citait l'avis du Conseil d'état, du 9 thermidor an X, et l'arrêt rendu le 21 décembre 1807, par la Cour de cassation, dans l'affaire de Julien Deloncelles, et motivé sur ce même avis du Conseil d'état.

Nous les avons expliqués au § II de l'article précédent, et nous avons vu que l'avis du Conseil d'état, dont on argumentait alors, n'a pas le sens qu'on lui prêtait. Quant à l'arrêt de la Cour de cassation, nous avons démontré qu'il était sans conséquence, cette Cour, avant et après, ayant constamment refusé un effet rétroactif à l'amnistie des Émigrés. Ce qu'elle a décidé dans l'espèce dont il s'agit maintenant, est une nouvelle preuve de son erreur momentanée, qui n'est d'aucune considération pour sa jurisprudence constante.

En effet, le tribunal civil de Bedfort avait jugé que la succession de Georges-Gaspard Peschery, s'est ouverte seulement le jour de son amnistie, et que Sébastien Peschery, ayant été réintégré lui-même quelques mois avant, il s'était trouvé capable de recueillir la succession de son frère. De-là, il résulte que les biens qui lui ont été rendus, tant ceux qui lui avaient appartenu, que ceux qu'il tenait du chef de son frère, sont devenus sa propriété, et qu'il a pu les transmettre à ses ayant-cause.

Un arrêt de la Cour royale de Colmar, rendu le 2 avril 1817, ayant adopté les motifs des premiers juges et confirmé leur décision, il fut dénoncé à la Cour de cassation. La question était de savoir si l'amnistie avait anéanti les effets de la mort civile, pour le passé; ou autrement, si l'amnistie était une justice rendue, ou une grâce octroyée. Il était évident que, si elle n'était qu'un pardon, elle ne pouvait pas avoir d'effet rétroactif, et qu'elle ne rappelait l'amnistié à la vie civile, qu'à compter du jour où il était réintégré.

Avant le retour de la famille royale en France, la question ne souffrait aucune difficulté; la jurisprudence constante, comme on l'a vu dans l'article premier, § II, laissait subsister tous les effets produits par la mort civile avant la grâce accordée. Mais depuis le rétablissement de la royauté, ne devait-on pas croire que cette manière d'envisager l'émigration n'était plus la même? Dans l'ordonnance royale qui abolit les inscriptions sur la liste de proscription, et dans la loi qui ensuite a rendu les immeubles dont le domaine public était encore en possession, ne devait-on pas voir l'intention d'effacer, pour le passé comme pour l'avenir, toutes les traces de l'émigration? Cette interprétation des actes du gouvernement royal semblait encourager les collatéraux des frères Peschery, qui se pourvurent contre l'arrêt de Colmar.

Mais, fidèlement attachée aux principes, et abandonnant l'erreur commise lors de l'affaire Deloncelles, la Cour de cassation a persisté à voir que la législation nouvelle sur les Émigrés n'a porté aucune atteinte, pour le passé, à celle qui a précédé; cette Cour a rejeté le pourvoi de MM. de Cointe et consorts, par arrêt de la section civile, rendu le 7 août 1820.

« Attendu, y est-il dit, qu'il est établi qu'à l'époque du décès de Georges-Gaspard Peschery, le 10 germinal an VIII, il était encore inscrit sur la liste des Émigrés, de même que Sébastien Peschery, son frère; qu'ainsi, tous les deux, frappés de mort civile, étaient incapables, à cette époque, l'un, de transmettre sa succession, et l'autre de la recueillir;

» Attendu que cette succession ne fut ouverte au profit des parens que par l'effet de l'amnistie qui fut accordée à Georges-Gaspard Peschery, après sa mort, et seulement le 14 prairial an XI; que jusqu'alors aucun droit héréditaire n'avait été conféré aux parens;

» Mais qu'à cette époque, et depuis le 18 frimaire précédent, Sébastien était lui-même amnistié; que se trouvant ainsi alors réinvesti de la capacité de succéder, ce fut à lui que fut dévolue la succession de son frère, préférablement aux autres parents collatéraux plus éloignés.

» D'où il suit qu'en jugeant que Sébastien Peschery avait succédé à Georges-Gaspard, son frère, dans la ligne paternelle, à l'exclusion des demandeurs, parens collatéraux plus éloignés dans la même ligne, la Cour royale de Colmar n'a fait que se conformer aux lois de la matière. »

L'analyse de cette affaire en cassation est au *Journal du Palais*, tome 1 de 1821, page 299.

DEUXIÈME ARRÊT DE CASSATION.

L'espèce dans laquelle l'arrêt dont il s'agit a été rendu, ayant donné occasion aux plus grands développemens des moyens respectifs, et aux motifs les plus étendus de la part des magistrats suprêmes, nous devons entrer dans quelques détails.

M. Timoléon, comte d'Espinay de Saint-Luc, marquis de Lignery, était sorti de France, en 1789, et n'a point obéi à la loi du 1er août 1791, qui ordonnait à tous les Émigrés de rentrer sur le territoire national. Il est mort en Souabe, le 3 février 1793. Ses biens avaient été confisqués en vertu de la loi du 27 juillet 1792.

Pour profiter de l'amnistie accordée par le sénatus-consulte de l'an X, et devenue applicable aux Émigrés décédés, madame la duchesse de Sully, fille unique du marquis de Lignery, remplit les conditions exigées, et obtint la remise des biens qui avaient appartenu à son père, à l'exception de ceux que le sénatus-consulte avait réservés, ce qui la privait de deux cents hectares de bois.

Devenue veuve, la duchesse de Sully avait perdu son fils unique, mort sans postérité. Elle fit son testament le 30 janvier 1809. Après différens legs particuliers, elle institua pour son légataire universel l'abbé Duclaux, directeur du séminaire de Saint-Sulpice, à Paris.

Peu de temps après, la duchesse de Sully décéda. Son testament reçut son exécution, et l'abbé Duclaux recueillit, en qualité de légataire universel, tous les biens dont la testatrice n'avait pas disposé par différens legs particuliers; il ne fut nullement question des deux cents hectares de bois qui étaient restés dans le domaine de l'État.

Survint par la suite la loi du 5 décembre 1814. Elle ordonnait que tous les immeubles réunis au domaine par le sénatus-consulte de l'an X, seraient rendus en nature à ceux qui en étaient propriétaires, ou à leurs héritiers ou ayant-cause.

Muni du testament qui l'avait institué légataire universel de la duchesse de Sully, l'abbé Duclaux se présente pour obtenir la remise des deux cents hectares de bois qui avaient appartenu au marquis de Lignery. La loi de 1814, suivant lui, annulait la confiscation prononcée contre les Émigrés. Les bois dont il s'agit étaient donc censés avoir fait partie de la succession du marquis de Lignery. Cette succession ayant été recueillie par la duchesse de Sully, celle-ci est censée avoir hérité aussi des bois retenus sous prétexte de leur réunion au domaine de l'État, réunion dont les effets venaient d'être effacés.

La duchesse de Sully, après différentes dispositions particulières, ayant donné le surplus de ses biens de quelque nature qu'ils fussent, à l'abbé Duclaux, celui-ci en concluait qu'il a véritablement hérité, à titre de légataire universel, du droit qu'avait la testatrice sur les deux cents hectares de bois, puisque la testatrice n'en avait pas disposé. Il ajoutait que la loi de décembre 1814, les rend à l'ancien propriétaire, s'il est vivant, sinon à ses héritiers ou ayant-cause. Or, quel est l'ayant-cause de l'ancien propriétaire? C'est assurément celui qui représente la duchesse de Sully, la seule et unique héritière qu'ait laissée le marquis de Lignery.

Un adversaire redoutable s'est opposé aux prétentions du légataire universel. Le colonel d'Espinay de Saint-Luc, parent de la duchesse de Sully, se prétendait son plus proche héritier, dans une des deux lignes collatérales, au moment où la loi de 1814 a paru.

Il a soutenu d'abord que l'abbé Duclaux ne pouvait prendre, en qualité de légataire universel, que les biens dont la testatrice avait eu l'intention de le gratifier. C'est ainsi que tout testament doit s'exécuter. Il ne reçoit de force que de la volonté bien évidente du défunt. Or, il est impossible de supposer que la duchesse de Sully ait eu jamais la pensée, en 1809, de disposer des bois qu'elle ne possédait pas et qu'elle n'avait pas même l'espoir de posséder, puisqu'ils avaient été réunis définitivement au domaine public depuis plus de 7 ans, par des lois qui avaient leur pleine vigueur à l'époque où cette testatrice est décédée.

Au reste, disait M. d'Espinay de Saint-Luc, la loi de 1814, en rendant les biens aux anciens propriétaires ou à leurs héritiers ou ayant-cause, a voulu venir au secours des familles dépouillées par la confiscation. Ce but ne serait pas atteint, si des étrangers à ces familles recueillaient le bénéfice de la restitution des biens, soit sous le titre de légataires universels, soit comme acquéreurs de droits successifs des décédés.

Il est donc indubitable qu'en désignant les héritiers ou ayant-cause des anciens propriétaires, le législateur a entendu ceux qui sont aujourd'hui leurs plus proches parens; c'est à eux que le bienfait est accordé, et non pas à des représentans d'héritiers intermédiaires et décédés. La bienfaisance souveraine a voulu secourir des parens actuellement vivans; ceux qui n'existent plus n'ont pas pu fixer son attention.

Après ces considérations, la discussion s'est établie sur les principes du droit. L'abbé Duclaux disait que, dans l'ancienne législation, la remise de la peine effaçait tous les effets de la confiscation qui était regardée comme n'ayant pas été prononcée.

Pour être exact, il fallait dire qu'on distinguait la remise faite, à titre de justice, au condamné dont ensuite l'innocence avait été reconnue, et la remise faite, à titre de grâce, au condamné qui obtenait son pardon. Dans le premier cas seulement, la remise de la peine effaçait tous les effets de la confiscation, même pour le passé.

Dans son intérêt, l'abbé Duclaux avait donc besoin de supposer que les Émigrés sont censés n'avoir pas encouru la mort civile. Aussi, disait-il que l'ordonnance du 21 août 1814, en abolissant la liste des Émigrés, a remis, même pour le passé, les peines prononcées contre l'émigration; delà, il concluait que la loi du 25 décembre suivant considère les biens confisqués comme n'ayant jamais été enlevés à leurs propriétaires qui ont continué de les posséder, du moins fictivement, par eux ou par ceux qui leur ont succédé à quelque titre que ce soit.

Non, non, réplique l'adversaire, le Roi n'avait point à remettre de peines à ceux de ses fidèles sujets qui l'ont suivi hors de France; il ne faut donc pas assimiler la confiscation faite sur les Émigrés, à l'ancienne confiscation. L'ordonnance qui abolit les listes des Émigrés et la loi qui ensuite rend les biens confisqués, sortent du droit commun et n'ont été dictées que par des circonstances politiques, lesquelles exigeaient de laisser subsister les effets de la confiscation, pour le passé. C'est pour cela que l'article 1 de cette loi, conforme à la Charte constitutionnelle, maintient toutes les ventes des biens nationaux, tous les jugemens, tous les droits acquis, tous les actes du précédent gouvernement, en un mot toute la législation antérieure concernant l'émigration.

Il y avait de la contradiction dans ce raisonnement : si le Roi n'avait pas remis la peine de la mort civile que les lois avaient prononcée contre les Émigrés ; s'il avait considéré cette peine comme n'ayant jamais été encourue, aurait-il maintenu ces mêmes lois et les effets qu'elles ont produits? Si jamais les Émigrés n'avaient encouru de peine, leurs biens n'auraient pas été confisqués réellement, et, quoique possédés par l'État, ils n'auraient pas cessé d'appartenir à leurs légitimes propriétaires, et la restitution en entier leur en était due. C'était donc, de la part de l'héritier réclamant, parler mal-adroitement dans le sens de son adversaire.

On voit que M. d'Espinay de Saint-Luc était pressé, d'un côté, par la nécessité de soutenir le maintien de l'ancienne législation, et de l'autre, par le déplaisir d'avouer que les Émigrés avaient encouru la peine de la mort civile. Il fallait pourtant opter, il n'y avait pas de milieu. Aussi a-t-il surtout insisté pour soutenir que la confiscation avait subsisté jusqu'en 1814, et que la loi qui en donne main levée ne peut plus avoir d'effet rétroactif. C'était convenir que la mort civile avait été encourue, puisque la confiscation, maintenue pour le passé, n'en était que la suite.

Par cette concession que son intérêt lui arrachait, M. d'Espinay de Saint-Luc arrivait à conclure que les biens confisqués avaient réellement cessé d'appartenir aux anciens propriétaires qui n'ont pas pu, par conséquent, les transmettre dans leur succession. La duchesse de Sully n'a donc jamais eu aucun droit sur les deux cents hectares de bois contestés; et l'abbé Duclaux ne les a pas trouvés dans le legs universel que cette dame lui a laissé. En les rendant aux héritiers de l'ancien propriétaire, la loi a nécessairement appelé ceux qui, au moment de la remise, étaient seuls en degré de les recueillir.

Si l'intention de la loi, répondait l'abbé Duclaux, eût été de n'appeler que les héritiers existans, aurait-elle parlé des *ayant-cause* ? Cette expression ne prouve-t-elle pas que les biens rendus doivent suivre l'ordre des successions, comme s'ils n'avaient jamais cessé d'appartenir aux anciens propriétaires? Les deux cents hectares de bois dont il s'agit sont restés définitivement au marquis de Lignery, et ont passé, avec sa succession, à la duchesse de Sully qui les a transmis à son légataire universel.

Par les mots ou *ayant-cause*, suivant M. d'Espinay de Saint-Luc, la loi a voulu désigner ceux que les anciens propriétaires, encore vivans au moment où elle a été rendue, auraient nanti de titres valables pour recueillir en leur nom les biens qu'elle rendait. Par exemple, si un de ces anciens propriétaires existant à l'époque de la loi de 1814, était mort ensuite, après avoir fait passer les droits qu'elle lui attribuait, à quelque autre qu'à son héritier, le porteur du titre aurait évidemment été préféré. Mais l'*ayant-cause* de l'Émigré décédé avant la promulgation de la loi qui a donné ouverture à la remise des biens, ne peut jamais prétendre à les posséder. Son auteur n'avait aucun droit à lui transmettre sur des biens qui, en 1814, faisaient encore partie du domaine public.

Nous ne suivrons pas plus loin les longs débats auxquels se sont livrées les parties; nous voulons seulement faire connaître quels effets l'autorité judiciaire a donnés à la loi du 5 décembre 1814. Par jugement du 3 avril 1816, le tribunal de la Seine a accueilli la demande de l'abbé Duclaux, et l'a envoyé en possession des deux cents hectares de bois dont il s'agissait. Le tribunal a pensé que la loi de 1814 avoit effacé toutes les traces de l'émigration et de la confiscation, même pour le passé, et que les biens rendus devaient être regardés comme ayant toujours appartenu aux anciens propriétaires.

Pour prouver la justesse de cette interprétation, le tribunal dit que, s'il en était autrement, il faudrait supposer qu'il s'est ouvert, à des époques éloignées l'une de l'autre, deux successions du même individu, et admettre qu'elles eussent pu être recueillies par des personnes différentes, ce qui serait contraire aux règles qui régissent la transmission des successions, et notamment à la maxime *le mort saisit le vif.*

Cette décision était en opposition avec la loi même qu'il fallait appliquer, puisqu'elle maintient expressément, pour le passé, l'ancienne législation sur l'émigration.

A l'égard de la supposition de deux successions qui, pour le même individu, se seraient ouvertes à deux époques différentes, le tribunal était également dans l'erreur. La remise des biens, en vertu de la loi de 1814, n'ouvre pas de nouveau la succession de l'ancien propriétaire. Ces mêmes biens avaient cessé de lui appartenir dès avant son décès, et ne se sont jamais trouvés dans sa succession. Ce n'est pas comme y ayant été compris qu'ils sont rendus à ses héritiers; c'est le domaine de l'État qui s'en démet en faveur de ceux que la loi désigne; non pas qu'ils y eussent des droits acquis, mais comme étant des personnes que la bienfaisance du souverain veut secourir. Ils ne recueillent pas un reste de succession, mais un bienfait du souverain.

Ce jugement a été attaqué par la voie de l'appel, mais inutilement. La Cour royale de Paris, par arrêt rendu le 29 juillet de la même année 1816, adoptant les motifs des premiers juges, a confirmé leur décision. Voyez le *Journal du Palais*, tome de 1817, page 173, où il est rendu compte de cet arrêt.

M. d'Espinay de Saint-Luc s'est pourvu en cassation, pour violation de l'art. 2 du Code civil, qui ne permet pas de donner aux lois un effet rétroactif. L'arrêt dénoncé suppose que la loi du 5 décembre 1814 a effacé les traces de l'émigration, pour le passé comme pour l'avenir; ce qui ne pourrait avoir lieu, sans que cette loi étendît son empire à un temps antérieur à son existence.

Le demandeur en cassation trouvait aussi violation des articles 1003 et 1021 du même Code. L'un dit que le legs universel comprend les biens que le testateur possède le jour de son décès; l'autre déclare nul le legs fait de la chose d'autrui, soit que le testateur ait connu, soit qu'il ait ignoré que la chose léguée ne lui appartenait pas. L'arrêt de la Cour d'appel avait attribué au légataire universel de la duchesse de Sully, deux cents hectares de bois , dont elle n'était pas propriétaire lors de son décès, et dont, en réalité, elle n'avait pas disposé, ne les ayant pas désignés. Quand même elle les aurait compris nominativement dans sa disposition testamentaire, l'arrêt attaqué n'en serait pas moins vicieux ; car il aurait déclaré valable le legs de deux cents hectares de bois qui étaient la chose d'autrui. Cette circonstance seule annullerait la disposition , même dans le cas où la testatrice aurait cru avoir la propriété de cet immeuble.

Un troisième moyen était tiré de la fausse interprétation de l'article 2 de la loi du 5 décembre 1814. Il ordonne que les biens ayant appartenu à des Émigrés, seront remis aux anciens propriétaires, ou à leurs héritiers ou ayant-cause. L'ancien propriétaire des deux cents hectares de bois n'existant plus, ils profitent à ses héritiers actuellement vivans, ou à ses ayant-cause, c'est-à-dire à ceux que l'ancien propriétaire aurait mis en ses droits, s'il eût vécu à l'époque de la promulgation de la loi. L'abbé Duclaux n'avait pas de titre émané de l'ancien propriétaire des deux cents hectares de bois ; il ne représentait que la duchesse de Sully, qui n'en avait jamais eu la propriété. L'arrêt de la Cour d'appel a donc méconnu le vrai sens de la loi du 5 décembre 1814, en attribuant les bois contestés à l'abbé Duclaux, qui n'était ni l'héritier, ni l'ayant-cause de l'ancien propriétaire.

Tels étaient les moyens de cassation proposés contre l'arrêt de la Cour d'appel de Paris. Il est facile de voir que tous reposaient sur une seule question. La loi de 1814 a-t-elle un effet rétroactif? a-t-elle effacé les traces de l'émigration et de la confiscation pour le passé? Dans le cas de l'affirmative, nul doute que les biens confisqués, quoique restés dans la possession du domaine, ne fussent censés avoir toujours appartenu aux anciens propriétaires. Par conséquent, la duchesse de Sully serait censée avoir recueilli, dans la succession de son père, les deux cents hectares de bois confisqués sur lui, et ils se seraient trouvés nécessairement compris dans le legs universel fait au profit de l'abbé Duclaux.

Au contraire, si la loi du 5 décembre 1814 n'a pas d'effet rétroactif; si elle laisse subsister, pour le passé, les traces de l'émigration et de la confiscation, les amnistiés ont été privés de la vie civile et de leurs biens confisqués, jusqu'au jour de leur réintégration. Depuis leur réunion au domaine de l'État, les biens confisqués ont donc cessé d'appartenir aux anciens propriétaires, qui, par conséquent, n'ont pas pu, même fictivement, les transmettre à leurs héritiers; les portions qui en ont été rendues ne sont que des dons de la bienveillance souveraine; ils sont recueillis par ceux qu'elle désigne, non à titre de succession, mais à titre de secours.

Ainsi, la duchesse de Sully n'aurait jamais eu aucun droit aux deux cents hectares de bois confisqués sur son père, qui n'en avait plus la propriété, quand elle lui a succédé. Elle-même est décédée avant qu'ils aient été séparés du domaine public; elle n'aurait donc pas pu comprendre ces mêmes bois dans le legs universel qu'elle a fait au profit de l'abbé Duclaux; on ne peut pas léguer la chose d'autrui.

Tous les argumens que l'on emploie de part et d'autre, tiennent donc à la solution de cette question : La loi de 1814 a-t-elle un effet rétroactif? Comment donner un effet rétroactif à cette loi, comment soutenir qu'elle a effacé toutes les traces de l'émigration et de la confiscation, lorsque, d'une part, il est de principe incontestable et consacré par l'article 2 du Code civil, que jamais les lois ne disposent pour le passé; lorsque d'ailleurs l'article 1 de la loi de 1814 maintient expressément la législation, les actes du Gouvernement et les jugemens relatifs à l'émigration?

On sent qu'il est inutile d'entrer dans tous les détails de la discussion qui a occupé longuement les parties sur la demande en cassation. Ce qui nous en dispense, surtout, c'est la clarté et l'étendue des motifs par lesquels la Cour régulatrice s'est déterminée à proscrire le système que la Cour d'appel de Paris avait adopté. L'arrêt de cassation est du 25 janvier 1819; il est ainsi motivé:

« ATTENDU que lors de la promulgation de la loi du 5 décembre 1814, le domaine de l'État se trouvait propriétaire légal des biens qui avaient été confisqués sur les Émigrés, et qui n'avaient été ni vendus, ni aliénés par suite des lois sur l'émigration;

» Que la loi du 5 décembre a bien fait cesser, du moment où elle a été publiée, tous les effets de la confiscation sur lesdits biens, *mais qu'elle ne les a pas abolis pour le passé*, de manière à faire considérer ces biens comme n'étant jamais sortis des mains des anciens propriétaires;

» Que ce fut même pour écarter les doutes qui auraient pu s'élever à cet égard, que le mot *restitué*, qui se lisait dans le projet de la loi du 5 décembre, en fut retranché pour y substituer le mot *rendu;* qu'il ne peut donc être question de

restitution dans l'application de la loi du 5 décembre 1814, et encore moins de restitution en
entier; d'où il suit que les biens confisqués sur
les Émigrés et réunis au domaine de l'État, qui
ont été rendus par ladite loi, ne l'ont été réellement qu'*à titre de libéralité.*

» ATTENDU que, pour être habile à recueillir
une libéralité, il faut avoir capacité pour la recevoir, et que, dans l'espèce, l'ancien propriétaire et la duchesse de Sully son héritière, étaient
décédés long-temps avant qu'ils pussent profiter
du bienfait de la loi;

» Que les biens remis à ce titre, ne purent dès-
lors faire partie de leurs successions, et, par
suite, que l'on ne peut dire qu'il y aura deux
successions du même individu, parce que ses
biens passeront en d'autres mains qu'entre celles
du légataire universel de la duchesse de Sully;

» Que la qualité de légataire universel de
la duchesse de Sully ne donne droit à l'abbé
Duclaux, qu'aux biens délaissés par la testatrice à son décès, suivant l'article 1003 du Code
civil, etc.; que non-seulement la duchesse de
Sully ne possédait pas les biens dont il s'agit, à
son décès, mais qu'elle n'avait non plus aucun
droit de les réclamer;

» Qu'on ne peut admettre la fiction, que les
biens rendus par la loi du 5 décembre, l'ont été

réellement à la succession de la duchesse de Sully, puisque cette fiction aurait pour résultat de donner à cette loi *un effet rétroactif*, ce qui *serait une violation ouverte de l'article 2 du même Code.*

» ATTENDU d'ailleurs que la duchesse de Sully, n'a légué, ni pu léguer à l'abbé Duclaux la propriété des biens qui n'ont été rendus qu'après son décès ; que ces biens ne se trouvaient pas en effet nominativement compris dans sa disposition, et que lors même qu'ils y auraient été nominativement compris, ils l'y auraient été inutilement, puisqu'ils se trouvaient être alors irrévocablement réunis au domaine de l'État, et que l'article 1021 du Code civil prononce la nullité du legs de la chose d'autrui.

» Que c'est avec aussi peu de raison que l'abbé Duclaux prétend recueillir de son chef les biens rendus par la loi du 5 décembre, attendu qu'il ne le pourrait qu'en sa qualité de légataire universel de la duchesse de Sully, et que ce représentant ne peut avoir plus de droits que la personne qu'il représente ;

» Que si le légataire universel, lorsqu'il n'y a pas d'héritier à réserve, se trouve placé sur la même ligne que l'héritier naturel, c'est par une fiction de droit, qui ne peut être invoquée dans les matières que *régit une législation spéciale;*

qu'aussi, toutes les fois qu'il avait été question
de savoir qui devait profiter des remises de confiscation, ou de l'héritier institué, ou de l'héritier du sang, il a été dans tous les temps reconnu et déclaré que la remise était faite, non
par la voie civile des successions, mais bien par
la voie naturelle de justice et d'équité, au profit
de la famille des anciens propriétaires;

» Que la loi du 5 décembre 1814, *est une
loi politique spéciale*, qui doit trouver son interprétation dans les motifs qui l'on fait rendre, et
qu'il n'y aurait eu ni justice, ni motif de con-
venance et d'équité, à rendre les biens confisqués sur les Émigrés, pour en gratifier des étrangers à leur famille. »

Par cet arrêt qu'on trouve rapporté au *Journal du Palais*, tome Ier de 1819, page 486, la
Cour régulatrice donne le véritable sens de la
loi du 5 décembre 1814; elle ne permet pas que
les effets produits antérieurement par la législation précédente, reçoivent la moindre atteinte;
ils doivent subsister à toujours; en un mot, le
bienfait de la Restauration n'efface les traces de
l'émigration que pour l'avenir.

TROISIÈME ARRÊT DE CASSATION.

En 1792, le comte de Béthune-Sully quitta la
France; il y laissa une fille unique en bas âge,

qui mourut en 1794. La succession de cet enfant, d'après l'ordre naturel, devait appartenir au père ; mais les lois sur l'émigration avaient décidé que, pendant cinquante ans , l'État prendrait les successions qui échoiraient aux Émigrés. Le fisc se mit donc en possession des biens de mademoiselle de Béthune , comme représentant le père de cet enfant.

Après l'amnistie accordée par le sénatus-consulte , quelques années après , le comte de Béthune, qui était veuf, rentra en France, où il contracta un second mariage , dont plusieurs enfans sont issus ; ils étaient encore mineurs, lorsque leur père est décédé postérieurement à la loi du 5 décembre 1814 , qui rend aux Émigrés les immeubles restés dans le domaine public.

Parmi ces immeubles, il y en avait qui avaient appartenu à la fille , que le comte de Béthune avait eue de son premier mariage. La loi les rendait aux anciens propriétaires ou à leurs héritiers ; était-ce aux héritiers de l'époque du décès de ces anciens propriétaires, ou aux plus proches parens existans lors de la promulgation de cette loi ? Dans le premier cas , les comtes de Carin devaient recueillir les biens rendus à la famille de mademoiselle de Béthune ; dans le second cas, au contraire , ils étaient dévolus au père qui vivait au moment où la loi a été publiée, et par conséquent ils devaient passer aux enfans mineurs du second lit qui les trouvaient dans la succession de leur père, dont ils étaient seuls héritiers.

Les comtes de Carin prétendirent que les biens contestés devaient être considérés comme un recouvrement que faisait la succession ouverte en 1794, par le décès de mademoiselle de Béthune, dont ils étaient alors les seuls héritiers. Ils repoussaient les enfans du second lit, qui, n'étant pas nés encore lorsque l'enfant du premier lit est morte, ne pouvaient avoir aucun droit à sa succession ouverte avant leur existence.

De leur côté, les mineurs de Béthune soutenaient que les lois sur l'émigration ayant été maintenues pour le passé, les biens rendus par la loi du 5 décembre 1814, ne pouvaient pas être considérés comme une dépendance de la succession de leur sœur du premier lit. Ces biens sont devenus définitivement et irrévocablement propriété nationale. Si une munificence législative en fait la remise aux anciens propriétaires ou à leurs héritiers, ce n'est pas pour effacer les effets de la propriété, qui en a été attribuée au domaine de l'État, ni par conséquent pour les soumettre aux règles ordinaires des successions, comme si la confiscation n'avait jamais eu lieu.

L'intention du législateur est manifestement de secourir les anciens propriétaires ou leurs héritiers actuels, par un bienfait et non en vertu d'un droit. L'ancienne propriétaire n'existant plus, le secours a donc dû profiter à son père, qui vivait au moment où la loi bienfaisante a paru; car le don fait à titre de secours ne pouvait s'appliquer qu'aux héritiers ayant capacité de le recevoir le jour où il était accordé, et nullement à des personnes qui auraient pu être héritières autrefois, et qui ne l'étaient plus, lorsqu'est arrivé l'acte de bienfaisance ; les immeubles dont l'autorité souveraine a bien voulu se démettre en 1814, ont donc été rendus au comte de Béthune père, et à ses enfans du second lit, comme étant les uns et les autres les plus proches parens de l'ancienne propriétaire, au moment où la munificence souveraine s'est manifestée. Ce sont ces mêmes parens que la bonté du Roi a voulu secourir et consoler, sans revenir sur le passé, tout s'étant consommé alors irrévocablement.

Delà il suit que les mineurs de Béthune ont trouvé dans la succession de leur père, rendu à la vie civile, ce qu'en vertu de la loi du 5 décembre 1814, il avait recueilli, des biens ayant appartenu autrefois à sa fille du premier lit. Ainsi, aujourd'hui, la totalité des biens rendus à la mémoire de mademoiselle de Béthune doit

appartenir à ses frères du second lit, à l'exclusion des comtes de Carin.

C'est ce qu'a décidé un jugement du tribunal de Dunkerque, en date du 9 mars 1818,
confirmé par arrêt de la Cour royale de Douai,
du 30 juin 1819. Les comtes de Carin s'étant
pourvus contre cet arrêt, leur pourvoi a été rejeté par arrêt du 3 janvier 1821, qu'on voit au
Journal du Palais, volume 1er. de 1822, page
199.

Cet arrêt décide donc encore que les biens
rendus depuis la Restauration, aux Émigrés, est
un don; et que les effets de la confiscation sont
maintenus pour le passé.

Il est inutile de chercher d'autres preuves,
qu'on trouverait en grand nombre, pour établir
que la Cour régulatrice n'a jamais attribué aux
lois de la Restauration aucun effet rétroactif.
Toujours elle a jugé que les Émigrés doivent
souffrir tout ce qui a été produit contre eux par
la mort civile et par la confiscation, jusqu'au
moment de leur réintégration dans la société
nationale.

§ III.

Jurisprudence des Cours royales depuis 1814.

———

Que des Cours royales, lors des premières contestations qui leur ont été soumises depuis la Restauration de la royauté, aient cru devoir considérer les Émigrés comme si jamais ils n'avaient encouru la mort civile, on le conçoit; c'était une idée qui pouvait être suggérée par le changement de Gouvernement. On était excusable d'hésiter sur la manière d'entendre ce que la Charte, l'ordonnance royale et la loi de 1814 avaient fait pour les Émigrés. On s'abandonnait à l'intérêt qu'on leur portait, sans trop réfléchir à la force des principes dans des circonstances aussi extraordinaires. Nous ne nous occuperons donc pas des décisions que les Cours d'appel ont pu rendre relativement à l'émigration, depuis 1814 jusqu'à l'époque où la Cour régulatrice a prononcé pour la première fois sur le sens de la législation royale, c'est-à-dire jusqu'à la décision rendue en faveur de M. d'Espinay de Saint-Luc contre l'abbé Duclaux. Plus rapprochée des chefs du Gouvernement royal, plus environnée de lumières, plus à portée de comprendre toutes les conséquences qui résulteraient d'une fausse interprétation des lois nouvelles sur l'émigration, cette Cour ne s'est décidée sur une question aussi importante, qu'après le plus mûr examen et avec la résolution de maintenir, sur une matière aussi grave, la jurisprudence qu'elle adoptait. Voyons donc l'impression qu'ont faite sur les Cours royales, les principes que la Cour de cassation a manifestés par son arrêt célèbre du 25 janvier 1819, rapporté au paragraphe précédent.

Il n'est venu à notre connaissance que trois arrêts relatifs à cette matière, l'un du 22 juillet 1819, rendu par la Cour royale de Rouen; un autre du 28 novembre 1820, émané de la Cour royale de Besançon; enfin un troisième, du 28 mai 1821, a été prononcé par la Cour royale de Paris. Nous ne comptons pas les arrêts de Dijon et de Paris, annoncés au commencement de cet ouvrage; ils seront discutés dans l'article VI.

ARRÊT DE LA COUR DE ROUEN.

Après la cassation de l'arrêt qui avait repoussé la réclamation de M. d'Espinay de Saint-Luc, et accueilli la demande de l'abbé Duclaux, l'appel du jugement de première instance de Paris restait indécis; il a été renvoyé devant le Cour royale de Rouen. Les dissussions y ont recommencé avec beaucoup de chaleur. Elles n'ont été que la répétition de celles qui avaient eu lieu devant les magistrats de Paris; il est donc inutile de rappeler ce que nous en avons dit dans le paragraphe précédent.

La Cour royale de Rouen était investie du pouvoir de confirmer la décision que les premiers juges avaient rendue en faveur du légataire universel, au préjudice de l'héritier du sang, ou de préférer ce dernier, en réformant le jugement de première instance. Dans le premier cas, elle aurait prononcé comme la Cour royale de Paris. Elle ne pouvait pas être mue par la crainte de voir soumettre son arrêt à la censure des seuls magistrats qui avaient cassé celui de Paris. On sait en effet qu'après la cassation d'un arrêt, si la cause reçoit une décision semblable de la part des juges auxquels elle est renvoyée, la demande en cassation ne peut être portée à la Cour régulatrice, que devant les chambres assemblées, qui alors sont présidées par le ministre de la justice. La nouvelle délibération qui est prise, n'est donc plus formée des mêmes élémens que la précédente, émanée d'une seule chambre.

Cette mesure est très-sage; dès que deux Cours royales ont pensé de même, et que celle qui s'est prononcée la dernière n'a pas été convaincue par les motifs d'une première censure, on présume, avec raison, que le point de jurisprudence qu'il s'agit d'établir, mérite la réunion de toutes les lumières dont peut être éclairée la Cour suprême.

Ainsi, dans l'affaire de M. d'Espinay de Saint-Luc contre l'abbé Duclaux, la Cour de Rouen ne pouvait pas être commandée par l'arrêt qui la lui avait renvoyée. Elle n'a pu qu'examiner les motifs qui y étaient énoncés, les peser avec la maturité qu'exigeait l'importance de la matière. Le suffrage de cette Cour, en prononçant conformément aux principes émis par l'arrêt de renvoi, acquiert donc le plus grand poids pour fixer la jurisprudence sur la question de savoir si la loi du 5 décembre 1814, relative aux Émigrés, doit ou non produire un effet rétroactif.

Voici comment s'exprime l'arrêt rendu à Rouen, le 22 juillet 1819, sur le vu des art. 1003 et 1021 du Code civil, et de l'article 2 de la loi du 5 décembre 1814.

« Attendu qu'il n'est pas contesté au procès que le marquis d'Espinay de Saint-Luc, partie appelante, est de la famille de Timoléon, comte d'Espinay de Saint-Luc de Lignery, décédé en 1799 à Constance, en Souabe, durant son émigration, et dont la fille unique avait épousé le duc de Sully.

» Attendu que l'abbé Duclaux, légataire universel de la duchesse de Sully, décédée en France le 10 juin 1809, ne pouvait être admis à dé-

battre le degré de parenté du marquis d'Espinay de Saint-Luc, avec le comte Timoléon et
la duchesse de Sully, sa fille, qu'autant qu'il
aurait en lui-même titre et qualité pour former
contre l'appelant la demande en revendication
des quatre cents arpens de bois qui font l'objet du litige.

» Attendu que les biens revendiqués n'ont jamais appartenu à la duchesse de Sully ; qu'ils
ont été frappés de confiscation dans les mains
du comte Timoléon, son père, lorsqu'il était
en état d'émigration ; que, de ce moment, ils
sont devenus la propriété de l'État et ont été
définitivement réunis au domaine public ;
qu'avant et lors de son décès, la duchesse
de Sully n'avait ni droit ni action sur lesdits
biens, et ne pouvait pas plus les transmettre à
titres gratuits qu'à titres onéreux ; que, dans le
fait, elle n'en a point disposé ; qu'ils ne font
point partie de l'actif de sa succession, et par
conséquent ne sont point entrés dans la matière du legs par elle fait à l'abbé Duclaux.

» Attendu que la loi du 5 décembre 1814 est
une loi fondée sur le droit naturel et politique,
un acte de munificence et de grâce, dont l'objet
a été de diminuer la perte de la fortune des
familles d'Émigrés, en leur remettant ceux de
leurs biens libres d'engagement et d'affectation,

qu'il était possible de leur rendre sans nuire aux droits des tiers.

» Attendu qu'il n'est point entré dans la pensée du législateur d'enrichir des étrangers au préjudice des anciens possesseurs, ou de leurs légitimes représentans ; qu'en faisant cette remise, il a eu essentiellement en vue : 1° la personne de l'Émigré, au cas où il serait encore vivant ; 2° ses parens dans l'ordre de leur successibilité ; 3° les cessionnaires ou ayant-cause des appelés, c'est-à-dire des successibles existans lors de la remise décrétée, la loi n'ayant point évoqué les morts pour les faire participer au bienfait.

» Et, vu que l'abbé Duclaux n'est point membre de la famille de Timoléon, comte d'Espinay de Saint-Luc, des biens duquel il s'agit ; vu qu'il n'a d'autre titre que celui qu'il tient de la libéralité de la duchesse de Sully, qui n'a jamais été saisie desdits biens, et qui, par son décès antérieur à la loi du 5 décembre 1814, n'a pu lui transmettre et ne lui a transmis sur eux aucun droit ; vu enfin, qu'il n'est le représentant ni l'ayant-cause d'aucune des personnes appelées par la loi à les recueillir.

» La Cour, faisant droit sur l'appel, met l'appellation et ce dont est appel au néant, corrigeant et réformant, etc.... Statuant sur l'action de l'abbé Duclaux, le déclare non recevable dans sa demande en revendication, avec dépens des causes principale et d'appel, dans lesquels entreront ceux faits en la Cour de Paris. »

L'un des motifs de cet arrêt porte, comme on vient de le lire, que l'abbé Duclaux ne pouvait être admis à débattre le degré de parenté de M. d'Espinay de Saint-Luc avec le comte Timoléon, marquis de Lignery, et la duchesse de Sully. Pour comprendre cette décision, il est bon de savoir que M. d'Espinay de Saint-Luc n'est parent du marquis de Lignery qu'au quatorzième degré, et que l'article 755 du Code civil dit expressément, qu'en ligne collatérale les parens au-delà du douzième degré ne succèdent pas. L'abbé Duclaux s'était emparé de cette disposition devant la Cour de Rouen, pour soutenir que M. d'Espinay de Saint-Luc n'avait pas le droit de s'immiscer dans la succession du marquis de Lignery, ni dans celle de la duchesse de Sully, fille de ce dernier.

L'abbé Duclaux, comme l'a bien dit la Cour de Rouen, était lui-même non recevable à contester la qualité de M. d'Espinay de Saint-Luc, si le titre de légataire universel de la duchesse de Sully ne lui donnait aucun droit sur les biens rendus à la famille par la loi de 1814. Pour avoir droit de discuter la parenté de ceux à qui on conteste une succession, il faut avoir soi-même droit à cette succession. En supposant donc que le seul parent qui se montrait pour succéder au marquis de Lignery, dût être écarté comme n'étant pas en degré assez rapproché, la faculté d'opposer ce moyen n'appartenait qu'au fisc qui, suivant l'article 767 du Code civil, recueille les successions collatérales, quand il ne se présente que des parens trop éloignés. L'abbé Duclaux n'avait aucune qualité pour élever cette question, dès qu'on décidait que la duchesse de Sully, dont il était le représentant, n'avait jamais eu de droit à la propriété des deux cents hectares de bois rendus par la loi de 1814.

Une autre observation à faire est que l'arrêt de Paris a été exécuté pendant le recours en cassation, qui n'est pas suspensif comme un appel. L'abbé Duclaux ayant donc été maintenu, par cet arrêt, dans la possession des deux cents hectares de bois, les a vendus. Le prix qui en est provenu a servi au paiement des dettes du marquis de Lignery. Madame la duchesse de Sully n'avait dû les acquitter que jusqu'à concurrence des biens qu'elle ayait trouvés dans la succession de son père, parce qu'elle l'avait acceptée sous bénéfice d'inventaire. L'abbé Duclaux pareillement n'était pas tenu de payer les dettes du marquis de Lignery, avec les biens personnels de la duchesse de Sully, à laquelle seule il succédait.

Mais lorsque les deux cents hectares de bois rendus en 1814 ont été attribués à l'abbé Duclaux, comme représentant l'héritier sous bénéfice d'inventaire de l'ancien propriétaire, il s'est cru, avec raison, obligé de les employer à l'acquittement des dettes de ce dernier, de qui il les tenait médiatement. Il ne partage donc pas les sentimens peu honorables de ces Émigrés qui méconnaissent leurs anciens créanciers ; trop ami de la paix avec sa conscience, le respectable ecclésiastique a pensé remplir un devoir, en acquittant des dettes d'autant plus sacrées, qu'elles avaient plus long-temps fait souffrir les créanciers du marquis de Lignery.

Cependant l'arrêt que l'abbé Duclaux avait exécuté si religieusement ayant été cassé, la Cour de Rouen a décidé que les deux cents hectares de bois étaient dévolus à M. d'Espinay de Saint-Luc. Il faut donc revenir sur l'exécution de l'arrêt annulé. Mais les bois contestés ne peuvent pas être rendus en nature par l'abbé Duclaux, puisqu'il les a aliénés. Le prix de la vente n'est plus lui-même, du moins en entier, dans les mains du vendeur, puisqu'il l'a distribué aux créanciers de la famille à qui ces bois avaient été remis.

M. d'Espinay de Saint-Luc, le seul de cette famille qui ait réclamé les deux cents hectares de bois, peut-il attaquer la vente qui en a été faite? Peut-il refuser de prendre en compensation les quittances valables données par les créanciers légitimes du marquis de Lignery, dont il est reconnu l'héritier?

La solution de ces questions dépend principalement de cette autre : les Émigrés réintégrés, ou ceux qui les représentent, sont-ils tenus de payer les dettes qu'ils ont contractées avant l'émigration? L'affirmative n'était pas douteuse avant le retour de la Famille royale, comme on l'a vu précédemment. Reste à savoir si l'ordonnance du 21 août 1814 et la loi du 5 décembre suivant ont changé à cet égard la précédente législation; c'est ce que nous discuterons dans les articles qui vont suivre

Il nous suffit ici de remarquer la position embarrassante où se trouve M. d'Espinay de Saint-Luc. D'un côté, il a fait de grands efforts pour se faire proclamer héritier du marquis de Lignery, afin de devenir propriétaire des deux cents hectares de bois, rendus en 1814 à son parent; de l'autre, pour tirer parti de son triomphe, son unique ressource est de soutenir que ces mêmes bois ne lui sont pas attribués à titre d'héritier de l'ancien propriétaire, et qu'ainsi, n'ayant pas succédé à ce dernier, il n'est pas tenu d'en acquitter les dettes. Cependant, pour obtenir les deux cents hectares de bois, M. d'Espinay de Saint-Luc a fait juger qu'il était héritier de l'ancien propriétaire. Il faut donc examiner si en rendant les biens aux anciens propriétaires, ou à leurs héritiers, la loi de 1814 les a dispensés de payer les créanciers dont ces mêmes biens étaient le gage.

Mais n'anticipons pas sur une question qui va bientôt nous occuper.

Remarquons encore une autre difficulté pour M. d'Espinay de Saint-Luc. Des dames de Samson, demeurant au Mans, réclament aujourd'hui, devant le tribunal civil de Paris, les deux cents hectares de bois, se disant cousines germaines du marquis de Lignery. Le long combat de M. d'Espinay de Saint-Luc ne lui serait donc d'aucune utilité, s'il venait à succomber dans la nouvelle lutte contre les dames de Samson.

Quoi qu'il en soit, revenons à notre sujet : ce qui est certain jusqu'à présent, c'est que, par l'arrêt dont on vient de rendre compte, la Cour royale de Rouen a pensé comme la Cour de cassation. Elle a décidé que la loi de 1814 ne peut pas avoir d'effet rétroactif, et que les traces de l'émigration ne sont pas effacées pour le passé.

ARRÊT DE LA COUR DE BESANÇON.

On ne trouve point la même adhésion de la part de la Cour de Besançon aux décisions de la Cour de cassation. Il est donc nécessaire de donner une attention particulière aux motifs qui ont déterminé l'arrêt dont nous allons rendre compte.

Décédé en l'an 6, pendant son émigration, le baron de Salans, laissa, pour sa seule héritière, madame sa mère. Le 2 floréal an XI, elle obtint un certificat d'amnistie pour la mémoire de son fils, et fut envoyée en possession des biens confisqués sur lui, à la réserve de deux forêts qui se trouvaient réunies au domaine de l'État en vertu du sénatus-consulte de l'an X.

En 1809, madame de Salans mourut, après avoir institué par son testament le mineur de Rucelot, son neveu, pour légataire universel.

Quand a été promulguée la loi du 5 décembre 1814, ce dernier a pris possession des deux forêts confisquées sur le baron de Salans.

Mademoiselle Labaroy de Virey, mineure, se trouvait à cette époque en degré de succéder seule, au baron de Salans, dans la ligne paternelle. Elle a revendiqué les deux forêts, comme devant appartenir aux héritiers existans au moment où la remise en a été ordonnée. Elle soutenait que la loi n'avait point entendu faire une restitution à la succession de l'Émigré amnistié, mais seulement accorder, à titre de bienfait, un secours aux plus proches parens vivans.

Pour le légataire universel de madame de Salans, on prétendait, au contraire, que la loi de 1814 était une restitution en entier, qui se rapportait à la succession de l'ancien propriétaire des deux forêts; qu'ainsi madame de Salans était réputée en avoir hérité de son fils, et par conséquent les avoir transmises à son légataire universel.

Cette défense, repoussée d'abord par le tribunal civil de Dôle, a été accueillie sur l'appel, par arrêt de la Cour royale de Besançon, le 28 novembre 1820; on peut le voir au *Journal du Palais*, tome 2 de 1821, page 501. Comme il est en opposition formelle avec la jurisprudence de la Cour de cassation, nous devons en discuter les dispositions.

1°. Il commence par rappeler que, dans le droit commun, en matière de succession, *le mort saisit le vif;* qu'il ne peut y avoir qu'un héritage du même individu, et que l'héritier conserve toujours cette qualité, quoique les effets de l'hérédité se trouvent suspendus pendant un temps.

Pour s'écarter de ces principes généraux, il

faudrait une législation spéciale contenant des dispositions qui établiraient, de la manière la plus expresse, un ordre nouveau de succession. C'est toujours la Cour de Besançon qui parle ; or elle ne trouve, dans la législation sur les Émigrés, aucun prétexte d'admettre un double héritage.

Réponse. — Par une pétition de principe, l'arrêt de Besançon suppose décidé ce qui précisément est en question. La loi de 1814 a-t-elle ouvert de nouveau la succession de l'Émigré amnistié et décédé ? Est-ce à sa succession qu'elle rend les biens qui jusqu'alors étaient restés confisqués ? Est-ce au contraire une libéralité que l'autorité législative a faite à la famille du défunt, en désignant, pour recevoir ce bienfait, le plus proche parent vivant ? En d'autres termes, la loi de 1814 a-t-elle effacé toutes les traces de l'émigration pour le passé ? Si l'on ne peut s'empêcher de reconnaître qu'elle n'a disposé que pour l'avenir, puisque son article 1er, conforme à la Charte, maintient tous les effets de l'ancienne législation, il est clair qu'il ne s'agit pas d'ouvrir de nouveau la succession de l'Émigré amnistié, ou d'y rien ajouter ; par conséquent la loi a pu gratifier de sa munificence le plus proche parent vivant, sans s'écarter des principes généraux relatifs à la transmission des hérédités.

7

2° Le même arrêt dit que le sénatus-consulte de l'an X., a réintégré les Émigrés amnistiés dans leurs biens, avec l'exception relative aux forêts.

Réponse. — Oui sans doute; mais cette réintégration n'a effacé les traces de l'émigration que pour l'avenir. On a vu dans l'article précédent comment cette vérité est démontrée par les décisions constantes des autorités législative, administrative et judiciaire. La loi de 1814 a disposé dans le même sens : elle ne rend pas non plus la totalité des biens confisqués, ce qui prouve qu'elle ne fait pas une restitution en entier, et que par conséquent elle n'entend pas effacer les traces de l'émigration pour le passé.

3° Un avis du Conseil d'État, ajoute l'arrêt, a assimilé aux Émigrés décédés, leurs héritiers, même collatéraux. La Cour de cassation, dans l'arrêt Deloncelles, rendu en 1817, s'est conformée à cette décision, en prononçant contre l'héritier naturel, au profit de l'héritier testamentaire, et même elle a employé l'expression *restituer*.

Réponse. — Le Gouvernement avait bien voulu étendre la grâce de l'amnistie aux Émigrés décédés avant le sénatus-consulte de l'an X; c'était pour que le bienfait de la remise des

biens pût profiter aux héritiers, même collatéraux; il ne suit pas de cette faveur, que l'amnistie dût avoir son effet pour le passé.

Quant à l'arrêt du 21 décembre 1807, rendu
dans l'affaire de Julien Deloncelles, il faut en
convenir, comme nous l'avons fait en le rappe-
lant dans le paragraphe Ier de l'article précédent, la
Cour de cassation paraît avoir dévié du principe
qui ne permet pas de donner aux lois un effet
rétroactif, principe d'après lequel la grâce accordée à un condamné ne le rétablit dans ses
droits que pour l'avenir. Mais, comme nous
l'avons aussi remarqué, cet arrêt unique est
échappé, sans doute par des considérations particulières, à la sagacité des magistrats; et il n'est
pas capable de résister aux nombreux arrêts,
par lesquels la Cour régulatrice, antérieurement
et postérieurement, a rendu l'hommage le plus
solennel et le plus constant à ce même principe.

Peu importe donc que, dans l'arrêt de Julien
Deloncelles, se trouve le mot *restituer*, puisque
cet arrêt est contraire à la jurisprudence bien
manifestement fixée. D'ailleurs, ce mot était sans
conséquence dans la cause; il ne s'agissait pas
de savoir si les biens rendus étaient une libéralité; jamais on n'en avait douté, comme le
prouve l'arrêt que la Cour de Caen avait rendu
dans cette même affaire de Julien Deloncelles.

4° Après avoir supposé que la législation sur les Émigrés rendait à la vie civile tous ceux qui étaient rayés ou amnistiés, comme s'ils n'avaient jamais encouru la mort civile, la Cour royale de Besançon trouve que la loi du 5 décembre 1814 n'a pas disposé autrement, et qu'elle s'est contentée de supprimer l'exception relative aux bois, dont le sénatus-consulte de l'an X avait fait réserve au profit de l'État. En ordonnant, ajoute la Cour de Besançon, que les biens seront rendus en nature, soit à ceux qui en étaient propriétaires, soit à leurs héritiers ou ayant-cause, la loi de 1814 ne parle point de la famille, ni des plus proches parens existans actuellement.

Réponse.— Cette Cour, comme on l'a démontré plus haut, s'est évidemment trompée, en disant que la législation et la jurisprudence précédentes ont attribué à l'amnistie l'effet d'effacer les traces de l'émigration pour le passé. La même erreur a dû porter à en commettre une seconde dans l'interprétation que l'arrêt a faite de la loi du 5 décembre 1814. En effet, cette loi, par son article 1er, maintient formellement les lois et les arrêts rendus antérieurement en matière d'émigration. Si donc il est de toute évidence, ainsi qu'on l'a prouvé d'après ces mêmes lois et arrêts, que la réintégration des Émigrés, par forme de grâce, n'a point effacé les traces de l'émigration pour le passé, il faut en conclure que la loi de 1814 a disposé dans le même sens, puisqu'elle maintient la législation et les jugemens antérieurs.

5° Lorsque le mot *restitués* a été remplacé par le mot *rendus*, continue la Cour de Besançon, il a été observé que l'effet en serait le même. D'ailleurs les mots *rendus* et *restitués* présentent également l'idée opposée à celle de donation. On ne peut donc pas voir de libéralité dans la remise des biens confisqués; aussi le préambule de la loi dit-il qu'il s'agit d'un acte de justice.

Réponse. — En substituant le mot *rendus* au mot *restitués*, qui se trouvait dans le projet de loi, les législateurs ont bien senti que l'effet en serait le même, dans le sens seulement que l'État se dépouillerait des biens qu'il retenait encore à titre de confiscation, et que la remise profiterait aux anciens propriétaires ou à leurs représentans. Mais il n'en résulte pas moins que l'autorité législative a trouvé une différence entre *rendre* et *restituer*. Si elle a décidé que les biens seront *rendus* et non pas *restitués*, c'est assurément parce qu'elle a voulu proscrire toute idée de restitution, afin qu'on ne pût pas considérer la remise de la confiscation, autrement que comme une libéralité. Il eût été sans objet de discuter sur le changement, si le mot *rendus* ne devait pas marquer une intention différente que celle qui aurait pu paraître, en laissant subsister le mot *restitués;* donc, en le supprimant, on a voulu empêcher tout effet rétroactif, qui aurait été en contradiction avec les autres dispositions de cette même loi; car, puisqu'elle maintenait la précédente législation, et qu'elle ne rendait pas tout ce qu'on avait pris aux Émigrés, elle n'effaçait pas les traces de la confiscation pour le passé.

Or, conserver à la confiscation ses effets pour le passé, c'est considérer la remise des biens comme une pure libéralité. Lors donc que le préambule de la loi annonce un acte de justice, cela signifie seulement que, d'après les circonstances nouvelles, il paraissait juste de venir au secours des Émigrés ou de leurs représentans, sans pourtant qu'ils pussent recevoir les biens rendus, autrement que comme un bienfait.

6° La Cour de Besançon s'appuie de l'article 3 de la même loi où il est dit, qu'il n'y a pas lieu à la remise des fruits perçus. Cette disposition, dit-on, n'était pas nécessaire, si le législateur n'avait voulu faire qu'un don.

Réponse. — Suivant nous, au contraire, cette disposition prouve que les biens confisqués n'ont pas été rendus à titre de restitution en entier; car ce genre de restitution comprend nécessairement celle des fruits perçus, sans quoi elle ne serait pas complète. Il y aurait eu de l'inconséquence, si la loi avait entendu effacer toutes les traces de l'émigration et de la confiscation pour le passé, et que pourtant elle eût voulu, non-seulement, par son article 1er, maintenir la législation et la jurisprudence antérieures; mais encore, par son article 3, priver les Émigrés ou leurs représentans de tous les fruits perçus à son préjudice.

7°. La Cour de Besançon considère que le temps seul établit la jurisprudence, et que jusqu'à ce qu'elle soit fixée, les principes seuls doivent être la règle des juges.

Réponse. — Certes le temps a bien fixé la jurisprudence sur le point dont il s'agit. Toujours, avant et depuis la loi de 1814, la Cour de cassation a décidé que les Émigrés rayés par forme de grâce, ou éliminés, ou amnistiés, étaient restés dans l'état de mort civile jusqu'à leur réintégration. Les arrêts que nous avons cités pour prouver cette jurisprudence constante, remontent à l'an XII, et se sont succédé jusqu'en 1821 ; c'est un espace de dix-sept années, temps bien suffisant pour fixer la jurisprudence.

Nous remarquerons en passant, qu'il n'est pas exact de dire que jusqu'à ce qu'un point de jurisprudence soit bien établi, il faille suivre les principes. Cette proposition semblerait annoncer que les principes doivent céder à la jurisprudence, quand elle est établie, quoiqu'elle leur soit contraire. Nous soutenons, sans crainte d'être démentis, que jamais les principes ne doivent fléchir devant des jugemens qui les blessent; ils doivent toujours faire la règle des juges, quelque vicieuses que soient les décisions des tribunaux. Si elles sont en opposition avec les lois ou avec l'équité, il faut se hâter de changer de système. Voilà pourquoi nous avons commencé par invoquer la législation relative aux Émigrés, pour démontrer que les individus réintégrés postérieurement à la loi du 12 ventose an VIII, n'ont obtenu le retour à la vie civile, et la remise de leurs biens, qu'à titre de grâce, ce qui laissait subsister les effets de l'émigration pour le passé. Si nous avons ensuite cité la jurisprudence, c'est parce qu'elle est conforme à la législation.

Tel est le seul motif pour lequel, en général, les décisions judiciaires deviennent une autorité respectable. Elles enseignent comment les magistrats ont fait l'application des principes, dans des circonstances difficiles. Sans doute ils peuvent se tromper, par exemple, lorsque l'espèce qui leur est soumise ne s'était pas encore présentée; mais dès qu'ils ont reconnu l'erreur, ils s'empressent de rectifier leur opinion, aussitôt qu'une cause semblable leur est soumise.

Dans ce cas, la décision conforme aux lois est la seule qui puisse faire jurisprudence à suivre.

La Cour de cassation nous fournit un exemple de cette sage conduite, dans l'affaire de Julien Deloncelles. C'était la première fois qu'il s'agissait de déterminer à quelle sorte d'héritiers devaient appartenir les biens rendus après le décès d'un Émigré. Des considérations favorables à l'héritier préféré avaient fait illusion, parce que la matière n'avait pas encore été suffisamment méditée; mais la même question s'est-elle présentée une seconde fois, relativement à la succession des frères Peschery, et une troisième fois dans l'affaire de M. d'Espinay de Saint-Luc? la Cour suprême est revenue à la véritable application des principes. Ils ont été examinés avec d'autant plus d'attention, qu'il s'agissait surtout de savoir s'ils avaient reçu quelque atteinte par les lois de la Restauration.

C'est ainsi également que la Cour royale de Paris, ayant pour la première fois à juger la même question, entre M. d'Espinay de Saint-Luc et l'abbé Duclaux, s'était trompée. Éclairée ensuite par les motifs lumineux énoncés dans l'arrêt de cassation, elle n'a pas hésité à se rendre à l'évidence, lorsqu'une cause de même nature lui a été soumise, comme on va le voir.

ARRÊT DE LA COUR DE PARIS.

Le comte de Barbançon quitte la France en 1791, et par suite des lois révolutionnaires, ses biens sont confisqués. Il meurt à Manheim, le 29 ventose an V, laissant pour héritière, dans la ligne paternelle, madame de Barbançon, ancienne abbesse de Saint-Remy, et dans la ligne maternelle, M. Genissot de Saint-Didier.

Le 1er nivose an X, ces héritiers parviennent à faire réintégrer la mémoire du défunt; c'était à titre de grâce, puisque la radiation a été obtenue postérieurement à la loi du 12 ventose an VIII. Les biens confisqués sont rendus, excepté mille hectares de bois qui se trouvaient dans la classe de ceux que l'arrêté du Gouvernement, du 24 thermidor an IX, avait réservés comme réunis définitivement au domaine public.

Le 16 floréal an XI, madame de Barbançon

meurt, après avoir institué pour légataire universel l'abbé Malafosse. M. et madame Dutillet,
héritiers du sang, contestent le testament; et
une transaction est passée le 13 octobre 1808.

Chose remarquable: par cet acte, l'abbé Malafosse cède aux héritiers naturels, le tiers dans
la moitié des bois confisqués sur madame de
Barbançon, et que, est-il dit, le Gouvernement
doit restituer; ou bien le tiers de l'indemnité qui
sera accordée par le Gouvernement, pour cette
moitié des bois, s'ils ne sont pas restitués en nature.

C'est en cet état des choses qu'est survenue
la loi du 5 décembre 1814, qui remet les biens
restés dans le domaine public, aux anciens propriétaires ou à leurs héritiers ou ayant-cause.

Il semble que la transaction de 1808 avait prévu l'événement, et qu'elle devait servir à régler
les droits de chacune des parties, dans les mille
hectares de bois que leur rendait la nouvelle
loi. Telle était, du moins, la prétention des représentans de l'abbé Malafosse, qui était décédé.
Ils ajoutaient que l'arrêté de radiation de l'an X,
promettait une indemnité pour les bois qu'on
ne pouvait pas rendre, à cause de leur réunion
au domaine de l'État; que même déjà une somme
de 12,500 fr. avait été allouée pour une coupe de
bois de l'an XI.

M. et madame Dutillet étant également décédés, leurs représentans répondirent que, par la transaction de 1808, on n'avait pu statuer que sur les biens laissés par madame de Barbançon, mais non pas sur les mille hectares de bois qui, lors de son décès, arrivé en l'an XI, appartenaient à l'État, et n'avaient pas cessé de faire partie du domaine public avant la loi de 1814.

Pour rejeter ce moyen, on disait, en faveur des représentans Malafosse, que cette loi avait effacé toutes les traces de l'émigration et de la confiscation, pour le passé comme pour l'avenir; d'où il résultait que les bois en question étaient censés avoir toujours appartenu à M. de Barbançon qui, par conséquent, en avait laissé la propriété dans sa succession. L'ancienne abbesse de Saint-Remy avait donc recueilli la moitié de ces mêmes bois, sauf à en obtenir la délivrance ou l'indemnité, lorsque les circonstances le permettraient. Ainsi, disait-on, le légataire universel de cette dame a trouvé, dans les biens de la testatrice, le droit à la moitié des mille hectares de bois; et il a pu valablement en faire un des objets de la transaction de 1808, dont on demande l'exécution.

La question, comme on voit, se réduisait à savoir, si la loi de 1814 avait un effet rétroactif, sans lequel l'héritier institué par l'abbesse de

Saint-Remi, n'aurait pu disposer de la moindre portion des mille hectares de bois.

Le tribunal civil de Paris, abandonnant le système qu'il avait adopté dans l'affaire de M. d'Espinay de Saint-Luc contre l'abbé Duclaux, a rendu hommage aux principes consacrés par la Cour de cassation. Il a d'abord reconnu que M. de Barbançon avait été rayé de la liste des Émigrés, en l'an X, postérieurement à la loi du 12 ventose an VIII, c'est-à-dire à une époque où la radiation était accordée par forme de grâce. De-là, le tribunal a conclu que la mort civile et la confiscation dont cet Émigré s'était trouvé frappé, avaient complétement et irrévocablement produit leur effet, jusqu'au jour de la radiation. Si donc alors les mille hectares de bois n'ont pas été rendus à l'héritière, c'est qu'ils avaient été acquis définitivement à l'État, à qui ils ont continué d'appartenir jusqu'en 1814. Ainsi l'héritière ne les avait pas trouvés dans la succession du défunt réintégré ; par conséquent elle n'a pu les transmettre à son légataire universel.

En ce qui concerne l'indemnité qu'on disait avoir été promise, le tribunal a décidé, en point de fait, que l'arrêté de radiation ne porte nullement une pareille promesse. Dans le cas où une indemnité eût effectivement été stipulée, le tribunal a pensé qu'il en serait résulté une simple créance sur l'État, et non un droit de propriété sur les bois alors réunis définitivement au domaine, et devenus par-là inaliénables.

A l'égard des 12,500 fr. attribués pour la coupe de l'an XI, c'était, a dit le tribunal, une faveur spéciale ajoutée à la grâce qui était accordée ; ce qui est si vrai, que cette bienveillance ne s'est renouvelée pour aucune des années suivantes.

Raisonnant ensuite sur la loi de 1814, le tribunal déclare qu'elle a fait cesser les effets de l'émigration et de la confiscation, non pas pour le passé, mais pour l'avenir seulement ; qu'ainsi, en ordonnant la remise des biens aux anciens propriétaires, ou à leurs héritiers et ayant-cause, elle a fait une pure libéralité qui ne doit profiter, en cas de mort des anciens propriétaires, qu'à leurs plus proches parens, ayant capacité de recevoir ce bienfait au moment où il a été accordé.

En conséquence, les représentans de l'abbé Malafosse ont été condamnés à remettre aux représentans Dutillet la propriété et jouissance des mille hectares de bois.

Portée en appel à la Cour royale de Paris, cette affaire y a été longuement discutée. Les motifs des premiers juges y ont produit la conviction. En vain a-t-on invoqué l'arrêt de la Cour de Besançon dans l'affaire du baron de Salans, dont on vient de parler, il ne fit aucune impression, parce qu'il est manifestement en opposition avec la législation maintenue par le Roi. La Cour de Paris, qui avait d'abord émis la même opinion, en prononçant en faveur de l'abbé Duclaux contre M. d'Espinay de Saint-Luc, a reconnu son erreur; elle n'a pas pu résister à l'évidence des principes consacrés par la jurisprudence de la Cour de cassation, et retracés par le tribunal de première instance, dont elle a confirmé le jugement.

Voilà donc la Cour de Rouen et celle de Paris qui rejettent l'interprétation donnée par la Cour de Besançon; et comme la décision des deux Cours, qui sont de sentiment semblable, est conforme aux arrêts de la Cour régulatrice, on ne peut plus douter que la jurisprudence ne soit irrévocablement fixée sur la question dont il s'agit. Si nous trouvons dans cette jurisprudence une véritable autorité, c'est uniquement parce qu'elle est conforme aux principes. Ainsi, il est évident que la loi du 5 décembre 1814 ne peut avoir d'effet rétroactif. Elle ne dispose donc qu'à titre de grâce, et les biens qu'elle rend ne sont qu'un don de la munificence souveraine.

ARTICLE III.

Des dettes considérées comme charges personnelles des Émigrés.

On conçoit qu'il ne peut pas s'élever de difficultés sur les dettes que les Émigrés ont contractées depuis leur retour en France ; mais quel est le sort des dettes dont ils étaient grevés avant et pendant leur émigration ?

Il faut d'abord les considérer comme charges personnelles qui obligent les débiteurs, abstraction faite de ce qu'ils possèdent ; ensuite on les envisagera comme charges réelles, en ce qu'elles affectent les biens appartenans aux débiteurs. Cet article ne parlera des dettes que sous le premier point de vue, et seulement de celles contractées par les Émigrés avant leur départ de France. Dans un autre article, on traitera des dettes qu'ils ont faites pendant l'émigration. Un troisième article encore sera consacré aux dettes considérées comme charges des biens qui en sont le gage.

Pour ce qui concerne les dettes antérieures à l'émigration, en ne les considérant que comme charges personnelles, nous devons examiner successivement dans autant de paragraphes.

1° Ce qu'on entend par dettes personnelles des Émigrés.

2° Si la mort civile qu'ils ont encourue a pu éteindre leurs dettes personnelles antérieurement contractées.

3° Si, ces mêmes dettes ont été éteintes pour les Émigrés, par la novation, lorsque l'État s'est chargé de les acquitter.

4° Si, par la perte de leurs biens, les Émigrés ont été affranchis de leurs dettes personnelles antérieurement contractées.

5° Si l'État, s'étant chargé d'acquitter les dettes des Émigrés, elles ont pu retomber sur eux lorsqu'ils ont été réintégrés.

6° Si, dans tous les cas, les Émigrés peuvent opposer la déchéance prononcée contre leurs créanciers, lorsque l'État était chargé de payer ces derniers.

7° Enfin si, du moins à l'égard des dettes dont le créancier et le débiteur ont également été inscrits sur la liste des Émigrés, il ne s'est pas opéré, dans les mains du fisc, une confusion qui les a éteintes.

§ Ier.

Ce qu'on entend par dettes personnelles des Émigrés.

———

Une dette, ou, pour parler plus généralement, une obligation est essentiellement personnelle à celui qui l'a souscrite, ou qui l'a trouvée dans une succession par lui acceptée purement et simplement.

Que celui qui souscrit en son nom une obligation, en devienne personnellement le débiteur, c'est une vérité trop évidente pour avoir besoin d'être démontrée. Il n'est pas douteux non plus, que l'héritier pur et simple d'un pareil débiteur, devienne comme lui personnellement responsable de la dette souscrite. L'héritier qui accepte la succession sans restriction, représente la personne dont il prend tous les droits. Aux yeux de la loi, il continue la vie de celui auquel il succède ; *heredem ejusdem potestatis, jurisque esse, cujus fuit defunctus constat.* Loi 59, au digeste *de Regulis juris.*

Comme l'obligation qu'on a souscrite ou dont on a hérité est personnelle, peu importe que ce qui en a fait l'objet ait continué de rester dans les mains du débiteur, ou qu'il en ait été dépossédé, soit volontairement, comme par vente ou donation, soit forcément, comme par saisie, par confiscation, ou même par force majeure.

Vous avez acheté une chose que vous n'avez pas payée; elle a été saisie ou confisquée, sur vous, ou bien elle a péri par un événement arrivé même sans votre faute; vous n'en devez pas moins le prix convenu, et après vous, votre succession en restera chargée. Vous vous êtes personnellement engagé à l'acquittement du prix; il faut qu'il soit payé, quoique l'objet de votre acquisition ne se trouve plus dans vos mains, ou dans votre succession. C'est là une vérité triviale, pour ainsi dire, à force d'être évidente.

L'obligation, au contraire, n'est pas personnelle, quand on n'en est tenu que comme détenteur de la chose qui en fait l'objet. Je vous achète une maison, et les créanciers dont vous ne m'aviez pas parlé viennent m'en demander le prix, avant le terme que j'ai pris pour payer. Je peux les refuser en délaissant l'immeuble, parce que je n'ai pas contracté d'engagement personnel avec eux.

C'est encore le cas où se trouve l'héritier qui accepte une succession sous bénéfice d'inventaire. Par cette formalité, il déclare ne vouloir point succéder aux obligations personnelles du défunt; en conséquence, il ne sera tenu des dettes de la succession que jusqu'à concurrence de la valeur des biens ; à cet effet, il les fera vendre en justice, pour que le prix en soit distribué aux créanciers ; ceux-ci n'auront à exercer contre l'héritier bénéficiaire aucune des actions personnelles qu'ils avaient contre le défunt.

Pour prononcer sur les dettes anciennes des Émigrés, il faut donc distinguer celles qu'ils avaient eux-mêmes souscrites ou qu'ils avaient trouvées dans des successions par eux acceptée purement et simplement. On ne doit pas confondre ces sortes de dettes, avec celles dont ils n'étaient chargés que comme détenteurs.

Les Émigrés n'ont pas été libérés de leurs dettes personnelles, par leur retraite en pays étranger. Les obligations personnelles suivent le débiteur partout où il se transporte. Son éloignement du lieu où il les a contractées peut faire obstacle à l'efficacité des poursuites de ses créanciers ; mais il n'en résulte pas une libération. Si donc il revient, et que le temps de la prescription ne soit pas écoulé, il est permis de diriger contre lui les actions personnelles auxquelles il s'est soumis.

Depuis qu'il a contracté, a-t-il perdu, soit une portion, soit la totalité de son patrimoine ? Ses obligations personnelles n'en subsistent pas moins ; elles continuent de peser sur lui ; c'est ce qui arrive à celui que la condamnation à une forte amende ruine complétement ; tel est le cas du contrebandier sur qui les marchandises introduites en fraude sont confisquées. Si elles composent tout son actif, il est ruiné sans doute ; mais il n'en reste pas moins tenu des obligations qu'il a souscrites. Ceux qui ont éprouvé une perte totale de leurs biens, soit par leur faute, soit par accident, n'ont plus de quoi payer leurs dettes ; cependant ils n'en sont pas affranchis ; et s'il leur vient dans la suite quelque fortune, par succession ou par toute autre voie, ils n'échapperont pas aux réclamations de leurs créanciers.

Ne cherchons donc pas dans la confiscation des biens des Émigrés, une cause de libération. Quoique privés de toute faculté d'acquitter leurs dettes personnelles, ils en sont toujours restés chargés. Une dette personnelle, en effet, ne peut s'éteindre que par les moyens de droit ; ils sont indiqués dans l'article 1234 du Code civil.

On y voit que toute dette est éteinte, soit par le payement, soit par la remise volontaire que consent le créancier, soit par la compensation, soit par la nullité ou la rescision de l'obligation, soit par l'effet d'une condition résolutoire, soit par la prescription. Dans ces différens cas, les Émigrés ont été libérés de leurs dettes. Ce n'est pas non plus sur l'un de ces points que s'élèvent des contestations entre eux et leurs créanciers.

La loi prononce aussi l'extinction des dettes, quand il s'est opéré novation, ou quand l'objet de l'obligation, étant un corps certain, a péri sans la faute du débiteur, ou enfin quand il y a eu confusion. C'est à ces moyens de droit que s'attachent ceux des Émigrés qui méconnaissent l'existence de leurs anciennes dettes. Ils commencent par soutenir que la peine de la mort civile qu'ils ont subie, les libère de leurs dettes antérieures. Ils prétendent ensuite que la perte qu'ils ont éprouvée par la confiscation de leurs biens, les a pareillement déchargés de toutes dettes. Ils disent, en outre, que, par leur réintégration, ils n'ont pas été rendus à leurs anciens engagemens. Dans tous les cas, au surplus, ils s'appliquent le profit de la déchéance qui, pendant que l'État les représentait, a été prononcée contre leurs créanciers. Enfin quelque rigoureux qu'on puisse être envers eux, ils défient du moins qu'on les assujettisse aux dettes qu'ils avaient contractées envers des créanciers qui se sont mis comme eux en état d'émigration..

Avant de nous livrer à la discussion de ces différentes propositions, il est curieux de remarquer que ceux qui les présentent comme autant de moyens de résister aux réclamations de leurs anciens créanciers, sont forcés, pour en tirer parti, de prendre la défense des lois révolutionnaires. Moins sensibles au point d'honneur qu'au déplaisir de se détacher d'une portion des biens qu'ils ont recouvrés, ils n'hésitent pas à reconnaître qu'ils ont encouru la peine de la mort civile et de la confiscation. Ils en administrent eux-mêmes les preuves les plus convaincantes, et conviennent, avec une sorte de satisfaction vraiment étonnante, que, traités en coupables, c'est seulement à titre de grâce qu'ils ont été rendus à la société dont ils confessent avoir été retranchés à perpétuité. Bien plus, ils démontrent jusqu'à l'évidence que les effets de leur condamnation n'ont cessé que du jour où le pardon leur a été accordé ; ils soutiennent, en conséquence, que, si les lois de la Restauration ont effacé les traces de leur mort civile, ce n'a pu être que pour l'avenir, et non pas pour le passé.

Rien sans doute n'est plus conforme aux vrais principes ; mais de pareilles concessions n'ont-elles pas lieu d'étonner de la part de ceux qui disent avoir rempli un devoir, en fuyant leur patrie ? Quoi qu'il en soit, sans nous permettre aucune réflexion sur de tels aveux, sans même chercher s'ils sont en harmonie avec d'autres prétentions manifestées par les mêmes Émigrés, occupons-nous seulement d'examiner

si les peines qu'ils conviennent avoir subies,
ont pu opérer leur libération, et s'ils peuvent
tirer avantage des lois révolutionnaires qu'ils
invoquent si hautement.

§ II.

La mort civile a-t-elle éteint les dettes personnelles des Émigrés?

———

Une vérité évidente, est que tous les hommes
qui vivent sur la terre sont unis par les liens
indissolubles de la nature. Un pacte social engage
plus particulièrement entre eux ceux qui for-
ment un corps de nation, comme sont liés aussi
plus étroitement encore les membres d'une
même famille.

L'universelle société des hommes est régie par
le droit naturel; c'est le droit de cité qui, dans la
partie appelée *droit public*, règle les devoirs du
corps national; et ce qui concerne les intérêts
particuliers est soumis au droit privé, qui est
une autre partie du droit de cité.

Les liens de la famille peuvent être dissous
pour un individu qui est déclaré ne pas appartenir à celle dont il se croyait membre, sans que,
pour cela, il cesse de faire partie de la nation.
Par la même raison, celui qui est retranché du

corps national ne jouit plus des droits de cité ; c'est-à-dire, ni du droit public, ni du droit privé ; mais il n'en reste pas moins dans la société universelle des êtres humains ; il conserve la jouissance des droits naturels.

Or, la mort civile prononcée par condamnation, telle que celle dont les Émigrés ont été frappés, n'est autre chose que l'expulsion du corps national. Ceux qui subissent cette peine ne sont plus comptés au nombre de la société politique, ni des familles dont elle est composée ; cependant, n'ayant pas perdu la vie naturelle, ils n'ont pas cessé de faire partie de la société universelle, établie irrévocablement par la nature entre tous les hommes. S'ils ont été privés de leurs droits de citoyens, et, par conséquent, de leurs droits de famille, dans le pays qui les a vus naître, ils ont continué à jouir des droits qu'ils tenaient de la nature, droits indépendans de toutes corporations formées par des institutions humaines.

En vertu de leur liberté naturelle, qui ne leur avait pas été enlevée, les Émigrés ont pu aller vivre dans le lieu qu'il leur a plu de choisir, et où l'on a bien voulu les recevoir. Là, ils ont même pu obtenir d'y être incorporés à la société nationale du pays. S'ils n'ont pas sollicité cette faveur, ou si elle leur a été refusée, ils sont toujours restés dans la jouissance de leurs droits naturels.

Ces vérités sont si généralement reconnues, si évidemment le résultat de l'essence des choses, qu'il suffit de les énoncer pour en être convaincus. Aussi, les lois de toutes les nations, et notamment les lois romaines, universellement adoptées pour tout ce qui est fondé sur la raison et l'équité, disent que la mort civile n'est que là privation du droit de cité. *Cum autem is qui ob aliquod maleficium in insulam deportatur, civitatem amittit.* Instituts, titre : *Quibus modis jus patriæ potestatis solvitur.*

Oui, sans doute, disent les Émigrés qui refusent de payer leurs dettes[*], le condamné à la mort civile ne perd que les droits de cité; mais qu'importe? la mort civile opère l'extinction des dettes du condamné. Or, les lois romaines, qui font le droit commun sur cette matière, portent que les dettes de celui qui a perdu la vie civile sont éteintes. La loi 47, au Digeste, *de fide jussoribus*, ne défend-elle pas de se porter caution pour le mort civilement, parce que

---

[*] Voyez un Écrit intitulé : *Opinion d'un jurisconsulte sur diverses questions concernant les dettes des Émigrés,* etc., par M. Dard.

son obligation ne subsiste plus? *Quare tota obligatio còntrà eum extincta sit.*

Il est certain que l'obligation provenant du droit civil, c'est-à-dire du droit de cité, s'éteint par la mort civile; mais cette peine laisse subsister l'obligation du droit naturel; on défie de trouver aucun texte qui décide autrement.

Nos Émigrés rappellent aussi la loi 2, au Digeste *de capite munitis*, où il est parlé de ceux qui ont éprouvé un changement d'état, et qui, d'après l'édit du Préteur, n'en restent pas moins chargés de leurs dettes antérieures. Il y est ajouté que cette disposition ne s'applique pas au changement d'état emportant mort civile, parce que les condamnés à cette peine ne peuvent pas être poursuivis judiciairement. *Cessabit edictum, neque possunt penitùs conveniri.* L'action des créanciers sera alors dirigée contre ceux qui auront profité des biens confisqués : *Dabitur planè actio in eos ad quos bona pervenerunt eorum.*

Que résulte-t-il de là ? l'interdiction de poursuivre ceux qui ont perdu la vie civile, parce que chez les Romains, comme dans notre ancienne législation, cette peine emportait confiscation de tous les biens. Il eût été aussi injuste qu'inutile de permettre des poursuites contre un débiteur qu'on dépouillait de tout ce qu'il possédait. Voët lui-même dont on nous oppose aussi le témoignage, dit que les actions pour et contre le citoyen romain qui avait perdu le droit de cité, étaient éteintes, parce qu'il n'y avait aucune raison d'équité, et qu'il n'aurait pas même été au pouvoir de la jurisdiction du Préteur, d'autoriser l'action des créanciers contre un débiteur mort civilement, et par conséquent dépouillé de tous ses biens. Il était plus juste de permettre les poursuites contre le fisc à qui les biens des débiteurs déportés étaient dévolus : *sed potiùs in fiscum ad quem deportati bona devoluta, judicium dandum sit.*

Ainsi l'obligation civile était la seule éteinte ; il n'est dit nulle part qu'il en fût de même de l'obligation naturelle. Pourquoi ? c'est que les lois positives, ouvrage des hommes, ne peuvent pas porter atteinte à celles qui viennent de la nature. Elles ont bien la puissance de retrancher un individu de la corporation nationale ; mais tant qu'il n'est pas décédé, il reste dans les liens naturels dont l'autorité humaine ne l'a pas délivré. On voit même que ses obligations ne sont détruites civilement qu'à son égard, puisqu'elles passent à ceux qui profitent de ses biens.

En ne consultant que le droit romain suivi dans notre ancienne législation, il est évident que les Émigrés, après leur condamnation à la mort civile, ont été débarrassés de leurs obligations personnelles, quant aux liens civils seulement; mais ils sont restés engagés par les liens naturels que le droit positif n'a pu détruire. Si donc ils avaient emporté ou acquis en pays étrangers des valeurs capables d'être saisies, leurs créanciers auraient eu le droit de les y poursuivre. Les tribunaux partout sont compétens pour statuer sur les obligations du droit naturel.

Au reste, quel que soit le droit romain, quelqu'usage qu'en ait fait anciennement la jurisprudence française, nous sommes loin d'accorder qu'il faille le suivre pour ce qui concerne les effets de l'émigration moderne. Elle a été réglée par une législation spéciale, qui seule doit déterminer les décisions judiciaires dans les circonstances actuelles. Or, on a vu, aux articles précédens, que les Émigrés réintégrés ont constamment été astreints au payement de leurs anciennes dettes, en vertu des lois et des actes du Gouvernement. Pourquoi? c'est que leurs obligations personnelles n'avaient pas été éteintes d'une manière absolue; elles subsistaient dans le droit naturel. Les Émigrés étaient bien à l'abri des poursuites autorisées par le droit de cité, dont les liens pour eux étaient rompus; mais la qualité de citoyen, qui leur a été rendue, s'est réunie à leur qualité de personne naturelle, qu'ils n'avaient pas perdue. Alors il a été possible de les poursuivre par les voies du droit de cité, pour leurs obligations naturelles qui n'ont jamais été éteintes.

§ III.

Si les anciennes dettes personnelles des Émigrés ont été éteintes par novation.

———

Toute dette naturelle ou civile est éteinte pour celui qui l'a contractée, lorsqu'un autre débiteur lui a été subrogé; alors il y a novation dans la personne du débiteur. Or, par la confiscation des biens des Émigrés, par la loi qui a déclaré ces mêmes biens acquis au Gouvernement, et par celle qui a proclamé créanciers de l'État tous les créanciers des Émigrés, il s'est opéré un changement qui a fait disparaître les débiteurs originaires, pour leur substituer l'État comme nouveau débiteur. Cette novation a opéré la libération entière des Émigrés.

Ainsi, quelque fondée que soit la distinction des droits civils et des droits naturels, quoique le condamné à la mort civile ne perde que ses droits de citoyen, et qu'il conserve ceux qu'il tient de la nature, ses dettes ont été éteintes pour lui-même personnellement, du moment où l'État s'est chargé de les acquitter. La novation a détruit, et le lien civil, et le lien naturel.

Voilà en substance les argumens tirés de la novation, en faveur des Émigrés qui refusent de payer leurs anciennes dettes. La réponse est facile à trouver, soit dans les principes généraux, soit dans la législation spéciale à l'émigration.

D'abord, dans toute substitution d'une personne à une autre, il faut en considérer la cause; tant que cette cause existe, elle produit son effet; mais si elle cesse, son effet doit également cesser : *causâ cessante, cessat effectus.*

Pourquoi le fisc est-il chargé de payer les dettes des condamnés à la mort civile, quand il s'en suit la confiscation de leurs biens ? c'est qu'il serait de toute injustice qu'il s'emparât du gage des créanciers qui avaient acquis leurs droits avant lui. La confiscation ne peut porter que sur ce qui appartient effectivement au condamné, c'est-à-dire sur ce qui lui reste après la liquidation de ses dettes, *deducto œre alieno.*

Le fisc n'a donc pas été substitué comme nouveau débiteur à la personne de l'Émigré; il a exercé seulement le droit de confiscation, pour jouir des biens laissés par le condamné. Or, ces biens étaient ce qui restait après l'acquittement des dettes; voilà la véritable cause pour laquelle le fisc n'a pu s'emparer des biens des Émigrés, qu'à la charge de compter avec les créanciers ayant des droits acquis antérieurement ; il ne profite pas seul du prix des biens qu'il fait vendre : si d'autres créanciers se présentent, chacun doit y avoir sa part en raison de son titre.

Par la condamnation à la confiscation, le fisc est devenu créancier des condamnés; il a exercé ce droit comme tout créancier qui fait une saisie contre son débiteur. Le titre qu'avait l'État contre les Émigrés, était postérieur à ceux dont étaient munis leurs créanciers; il a dû payer ces derniers, avant de profiter de la confiscation; comme un saisissant doit souffrir le paiement des créanciers qui le priment, avant de prendre le montant de sa créance.

Il ne faut donc pas regarder le fisc comme un héritier qui succède à tous les droits personnels et réels du condamné, ainsi que le prétendent les Émigrés; ce n'est pas à titre de succession qu'il prend les biens confisqués ; on ne trouve aucune loi, aucun monument de jurisprudence qui établisse que la confiscation soit un droit héréditaire. Tous les auteurs, au contraire, disent que les biens confisqués sont considérés comme biens vacans. Ferrière, sur l'article 183 de la Coutume de Paris, assimile le droit de confiscation au droit de déshérence, et renvoye, à ce qu'il dit, sur l'article 167. Là, il pose en principe que le seigneur haut-justicier, « n'est pas héritier, mais successeur aux biens vacans, et pourtant il n'est tenu des dettes du défunt, que jusqu'à concurrence de ce qu'il en amende et reçoit. »

' Pothier, sur la coutume d'Orléans, dans son introduction au titre *des Successions*, dit qu'en cas de confiscation, le Roi et les seigneurs haut-justiciers, succèdent aux biens des condamnés, *comme à des biens vacans et non à la personne*; c'est pourquoi ils ne sont tenus des dettes, qu'autant qu'elles sont une charge des biens, *et ils peuvent s'en décharger en les abandonnant.*

M. Merlin, dans son *Répertoire universel de Jurisprudence*, au mot *confiscation*, paragraphe 1er, nombre 6, voulant prouver que le fisc ne succède pas à la personne, et qu'il n'est chargé des dettes que jusqu'à concurrence de la valeur des biens confisqués, le compare à un héritier sous bénéfice d'inventaire.

Il n'est donc pas vrai de dire que, par la confiscation, il s'opère novation; il n'en existe pas plus que dans une succession acceptée sous bénéfice d'inventaire. L'héritier bénéficiaire ne succède pas aux obligations personnelles du défunt; il ne recueille les biens qu'à la charge de les employer à l'acquittement des dettes; et s'ils sont insuffisans, il n'est pas tenu d'y suppléer. Voilà pourquoi les lois sur l'émigration, en déclarant que les créanciers des Émigrés seraient payés par l'État, ont excepté les créanciers dont les débiteurs étaient en faillite, ou notoirement insolvables. L'État, ne trouvant rien à confisquer sur eux, ne pouvait pas être chargé de payer pour eux. C'est donc seulement comme détenteur, que le fisc a dû appeler les créanciers ayant droit aux biens confisqués, et non comme ayant été substitué aux débiteurs par novation.

Que dit le Code civil article 1272, paragraphe Ier, sur la novation opérée du côté du débiteur ? Elle ne s'opère que sous deux conditions : la première est qu'un nouveau débiteur soit substitué à l'ancien ; la seconde est que le créancier ait déchargé l'ancien débiteur. Cette décharge doit être exprimée formellement, parce que, dit l'article 1273, la novation ne se présume point.

Il est bien possible que la novation s'effectue sans le concours du débiteur, comme le décide l'article 1274 ; mais il n'ajoute pas qu'elle puisse avoir lieu sans le consentement du créancier ; c'eût été détruire la disposition précédente : elle exige que la décharge de l'ancien débiteur soit formellement exprimée par le créancier.

La délégation, par laquelle un débiteur donne au créancier un autre débiteur, qui s'oblige envers ce créancier, n'opère pas de novation, si le créancier n'a expressément déchargé le débiteur primitif qui a fait la délégation ; c'est ce que décide l'article 1275.

Certes, ces principes ne sont pas nouveaux ; le Code civil les a consacrés tels qu'ils ont toujours subsisté, parce qu'ils sont fondés sur la raison et l'équité. Peut-on les appliquer aux effets de la confiscation ? D'abord, on vient de voir qu'elle ne fait pas substitution d'une personne à une autre, puisque le fisc ne succède qu'aux biens du condamné et nullement à la personne.

Si, contre toute vérité, il y avait substitution de personnes, serait-ce assez pour opérer novation ? — Non, il faudrait en outre que les créanciers eussent formellement déchargé leurs débiteurs. Or, bien évidemment, ceux qui ne se sont pas fait liquider par l'État, n'ont pas consenti à changer de débiteur ; ils ont préféré courir le risque de perdre leurs créances ; ils n'ont pas désespéré de les voir réintégrés dans leurs droits actifs et passifs.

Mais, dit-on, ils étaient forcés de se soumettre aux lois qui leur prescrivaient de prendre l'État pour nouveau débiteur, à la place des débiteurs primitifs.

Assertion fausse : aucune loi n'a prononcé ainsi ; il a été déclaré seulement, que l'État se chargeait de payer les créanciers, parce qu'il avait confisqué tous les biens de leurs débiteurs; mais les créanciers sont restés libres d'accepter ou de refuser le paiement qu'on leur offrait, libres de conserver l'espérance du retour de leurs débiteurs, pour en tirer un meilleur paiement.

Qu'est-il donc résulté des lois qui ont chargé l'État d'acquitter les dettes des Émigrés? Une simple délégation par laquelle, comme le dit l'article 1275 du Code civil, un autre débiteur s'oblige envers le créancier à payer la dette. Mais, suivant ce même texte, cette délégation n'opère pas novation, tant que le créancier, même quand il accepte la délégation, n'a pas expressément déclaré qu'il entendait décharger son débiteur.

Il est vrai que la délégation n'a pas été volontaire de la part des Émigrés; mais peu importe: une délégation peut avoir lieu, par consentement libre ou par la force d'un jugement, et à plus forte raison par l'autorité de la loi. Les biens des Émigrés ayant été confisqués, la loi a pu déclarer en conséquence que l'État était délégué pour acquitter leurs dettes. Dès lors, il ne s'est opéré qu'une délégation et nullement une novation. Les obligations personnelles des débiteurs n'ont donc pas été éteintes.

Ainsi, de ce que l'action civile a été interdite

contre des débiteurs morts civilement, parce qu'elle eût été sans effet, leurs engagemens personnels n'ont pas cessé de subsister dans le droit naturel. A la vérité, ces débiteurs ont été réduits à l'impossibilité de payer; aussi était-il d'équité que le fisc qui profitait de la confiscation, fût chargé des dettes jusqu'à concurrence de la valeur des biens. Ce n'est donc que comme détenteur des objets confisqués, que l'État a pris l'obligation de liquider les créanciers des Émigrés, et non pas comme leur ayant succédé, ni comme ayant été mis à la place de leurs personnes, ni par conséquent par suite d'une novation qui les aurait libérés.

§ IV.

Si l'extinction des anciennes dettes personnelles des Émigrés s'est opérée par le seul fait de la confiscation.

Déjà, d'après ce qu'on vient de dire, on sent que la confiscation n'a pas pu éteindre les obligations personnelles des Émigrés. Mais ceux d'entre eux qui ne veulent pas absolument payer leurs dettes anciennes, soutiennent que la perte de leurs biens, par suite des lois révolutionnaires, a suffi pour les décharger de toute obligation. C'est agiter la question déjà résolue au paragraphe précédent; ils la présentent seulement sous un autre aspect. Ils invoquent un principe de droit fondé sur la raison même, et consacré par l'article 1302 du Code civil. Si la chose, y est-il dit, qui fait l'objet de l'obligation a péri sans la faute du débiteur, la dette est éteinte.

Assurément, si l'on en croit les Émigrés, la confiscation de leurs biens est une perte totale qu'ils ont éprouvée, sans qu'il y ait eu de leur faute; car, en désertant le territoire français, ils donnaient une grande marque de fidélité à leur prince légitime.

D'une part, on répond par le même article de loi : il éteint la dette, quand elle consiste à livrer une chose certaine et déterminée qui périt. Si donc l'obligation est de payer une somme qu'on a empruntée, ou qui est le prix, soit d'une vente, soit de travaux effectués, les biens du débiteur ne sont pas la chose qu'il s'est obligé de livrer; ils sont seulement le gage du créancier. La perte qu'éprouve dans ce cas le débiteur sur ses biens, fût-ce par force majeure, ne peut pas éteindre sa dette; elle résulte d'une obligation personnelle, qui subsiste indépendamment des facultés du débiteur, parce qu'elle ne consiste pas à livrer déterminément tels et tels objets qu'il a perdus.

En second lieu, le prétexte de la perte totale des biens ne pourrait pas servir à tous les Émigrés ; beaucoup ont emporté avec eux des sommes considérables et tous leurs objets précieux, comme livres, tableaux, diamans, bijoux et argenterie. Les créanciers auraient le droit d'incriminer cet enlèvement de leurs gages ; ils en ont été frustrés par leurs débiteurs.

D'un autre côté, ceux des Émigrés qui consentent à se considérer comme des coupables à qui un pardon a été accordé, ont-ils bonne grâce à prétendre que la confiscation de leurs biens n'est pas arrivée par leur faute ? L'émigration est un fait qui ne peut être imputé qu'à eux seuls. Les premiers qui sont sortis de France pouvaient ne pas prévoir qu'ils encouraient la confiscation, quoique pourtant l'édit de 1669 ne fût pas aboli. Aussi, le législateur a-t-il eu la précaution de les avertir, que s'ils ne rentraient pas dans un délai déterminé, ils perdraient leurs biens. En refusant d'obéir à cette injonction, les Émigrés de première origine se sont volontairement exposés à la perte qu'ils ont éprouvée.

A l'égard de ceux qui sont sortis de France depuis les lois qui mettaient les biens des Émigrés sous le séquestre national, ils ont également occasionné eux-mêmes la confiscation à laquelle ils se sont exposés sciemment.

Les seuls qui pourraient invoquer la perte de leurs biens comme arrivée sans leur faute, sont les personnes qui ont été inscrites sur la liste des Émigrés, quoique jamais elles n'aient quitté le sol français; mais il leur a été donné le temps de se justifier, et il est bien peu d'individus de cette classe, à qui il ait été impossible de se faire rayer dans un temps où la remise des biens non encore vendus, était complète, c'est-à-dire avant la loi du 12 ventose an VIII, époque à laquelle les radiations ont cessé de se faire par voie de justice.

Nous ne voulons pas discuter si la condamnation à la mort civile et à la confiscation était méritée; nous n'examinerons pas non plus si, dans l'impossibilité de reconnaître les innocens dans la foule de ceux qu'on regardait alors comme criminels de lèse-nation, on a eu raison de condamner indistinctement tous les inscrits; il s'agit uniquement d'une législation qui a eu ses effets. Veut-on la regarder comme ces arrêts injustes qui ont acquis force de chose jugée? on ne pourra que plaindre les parties qui en sont victimes innocentes, sans qu'il soit au pouvoir de qui que ce soit d'y remédier.

Ceux des Émigrés qui repoussent les réclamations de leurs anciens créanciers, appellent à leur secours la législation qui les a condamnés; il faut donc, pour être conséquent, qu'ils en admettent tous les résultats. Il conviennent avoir encouru la mort civile et la confiscation. Ils ajoutent, il est vrai, que c'est injustement; soit, mais le fait de la condamnation n'en est pas moins certain; et dans leur propre système, les effets n'en sont pas moins irrévocables. Comment donc peuvent-ils dire que leurs biens ont été perdus pour eux sans qu'il y ait eu de leur faute? La force de la chose jugée dont ils voudraient se prévaloir, ne forme-t-elle pas une fin de non-recevoir contre leurs prétentions? Peuvent-ils se croire déchargés de leurs dettes, sous prétexte qu'ils ont été privés de leur fortune par un événement qui ne dépendait pas d'eux? La condamnation qu'ils démontrent eux-mêmes avoir subie légalement, n'a-t-elle pas pour cause leur propre fait? N'est-ce pas ce que décide la législation à laquelle ils ont recours?

Nous n'aurions pas sans doute le même langage à tenir aux Émigrés qui regardent comme n'ayant pas existé, des lois émanées, suivant eux, d'une autorité illégitime. Nous aurions à leur dire que la perte de leurs biens, fût-elle arrivée par une force majeure, ne pourrait pas, d'après le Code civil, article 1302, les libérer des obligations personnelles qui ne consistaient pas à livrer spécialement les objets qu'ils ont perdus.

Au surplus, ce n'est pas avec eux que s'élève la question de savoir s'ils sont tenus de leurs dettes antérieures à leur émigration; ils ne veulent pas s'y soustraire. Il y aurait trop d'inconséquence à prétendre qu'ils ne doivent plus rien à cause de la condamnation prononcée contre eux, et en même temps à soutenir qu'ils n'ont point été frappés de mort civile. En effet, s'ils croient que les liens qui les tenaient à leurs créanciers n'ont jamais été rompus, ils doivent reconnaître que ceux-ci n'ont pas cessé d'avoir droit d'exiger leur paiement. Ce n'est donc pas pour cette classe d'Émigrés que nous écrivons, mais pour ceux qui, moins susceptibles, prennent volontiers la qualité de coupables pardonnés, afin de se débarrasser de leurs dettes.

On leur a démontré que la perte qu'ils ont éprouvée par la confiscation n'est arrivée que par leur faute, et que d'ailleurs la perte d'une chose n'éteint la dette, que quand l'obligation a pour objet de livrer cette même chose ; ce qui ne peut pas s'appliquer aux dettes contractées pour argent emprunté, ou pour travaux exécutés, ou pour prix d'une vente.

On pourrait ajouter que la perte de la fortune des Émigrés n'a pas été totale; d'une part, ils avaient emporté avec eux tout ce qu'ils ont pu se procurer d'argent et tous leurs effets les plus précieux ; d'un autre côté, une grande partie de leurs biens leur a été rendue. Il est vrai qu'ils voudraient du moins n'être tenus de leurs dettes anciennes, que dans la proportion de la valeur des biens dont ils ont recouvré la propriété. Mais sont-ils fondés dans cette prétention ? C'est ce qu'on examinera par la suite. Pour le moment il nous suffit d'avoir démontré que, ni la mort civile, ni la confiscation prononcée contre les Émigrés, n'ont pas eu l'effet d'éteindre les obligations personnelles qu'ils avaient contractées avant ces événemens, et que, s'ils ont été civilement à l'abri des poursuites judiciaires, il n'ont pas cessé d'être engagés par les liens du droit naturel ; qu'ainsi, en reprenant la qualité de citoyen, ils sont redevenus soumis aux poursuites fondées sur ces obligations personnelles qui n'ont jamais cessé de subsister.

§ V.

Si la réintégration des Émigrés a pu les rendre à l'obligation d'acquitter leurs anciennes dettes personnelles.

———

Les Émigrés qui se refusent au paiement de leurs anciennes dettes, supposent que, traités comme des coupables, ils ont été libérés envers leurs créanciers. On a vu combien est dénuée de fondement une pareille proposition. Cependant, persuadés qu'ils l'ont prouvée, il leur restait à soutenir qu'en obtenant leur pardon, ils n'ont pas été rendus à leurs premiers engagemens. Voyons comment ils argumentent à ce sujet.

Qu'importe, disent-ils, que l'obligation naturelle ait subsisté, si la loi civile en a défendu la poursuite, et si nos créanciers ne peuvent pas saisir les biens qui nous ont été rendus : voilà tout ce que nous desirons. Il est certain que, par la mort civile qui nous a frappés, toute action a été interdite contre nous ; elle n'a plus été permise que contre le fisc qui s'est emparé de nos biens.

En revenant à une nouvelle vie civile, nous n'avons rien repris de celle que nous avions perdue, parce que nos anciens rapports avaient été détruits pour toujours. La Charte, l'ordonnance royale du 21 août 1814, et la loi du 5 septembre suivant, ont maintenu, pour le passé, la législation précédente sur l'émigration. Nous rétablir dans nos précédentes relations avec nos créanciers, ce serait méconnaître les effets produits par cette législation, et attribuer aux lois nouvelles un effet rétroactif, qu'elles ne peuvent avoir, d'après leurs propres dispositions conformes aux vrais principes.

Tel est, en substance, le raisonnement que l'on emploie pour débarrasser les Émigrés de l'importunité de leurs créanciers. Est-il bien délicat de laisser de côté l'obligation naturelle, pourvu que, dans le droit positif, elle n'ait aucun effet; de s'inquiéter peu du devoir de la conscience, quand on croit ne pouvoir pas y être astreint dans le for extérieur? Cette conduite ne doit pas étonner de la part de ceux qui ne craignent pas de s'abaiser jusqu'à s'avouer des coupables à qui un pardon a été accordé.

Mais, est-il bien vrai que l'obligation naturelle, n'ayant jamais cessé de subsister, comme les Émigrés sont forcés d'en convenir, elle n'ait pas repris civilement toute sa force, par le retour du débiteur, à la jouissance des droits civils? On a vu que les dettes de celui qui a encouru la mort civile, ne sont pas éteintes, à proprement parler; l'action qui en résulte change seulement de direction; elle est donnée contre l'État, qui ne peut profiter de la confiscation qu'après les dettes payées.

Si donc les Émigrés ont été à l'abri des poursuites pour le paiement de leurs dettes personnelles, ce n'est pas qu'elles ayent été éteintes; c'est uniquement par l'impossibilité où ils avaient été réduits de satisfaire aux demandes qui auraient été inutilement dirigées contre eux ; mais lorsque l'impossibilité d'attaquer les Émigrés devant les tribunaux, a été levée ; quand ils ont recouvré, avec la jouissance de leurs droits, des biens dont ils pouvaient disposer, il est évident que les créanciers ont aussi retrouvé la faculté de réclamer leur paiement contre leurs débiteurs, puisque les dettes de ces derniers étaient restées attachées à leurs personnes, même après leur mort civile, par les liens du droit naturel.

Le rappel à la vie civile n'a opéré que sur la personne civile, parce que la personne naturelle n'ayant pas cessé d'exister, il n'y a pas eu lieu de la réintégrer. Le condamné ne perd donc que ses droits civils, il reste avec ses droits naturels. Quand on lui rend la seule chose dont on l'avait privé, on ne lui ôte pas ce qui lui avait été laissé. A son retour dans la société, il y rapporte donc nécessairement ce qu'il avait conservé. Il arrive alors que sa personne naturelle vient se revêtir de la qualité de personne civile. Il y aurait impossibilité qu'il en fût autrement ; on ne peut pas exister civilement, si l'on n'a pas déjà l'existence naturelle, *primò vivere, posteà vivere talis*.

Les Émigrés qui étaient restés grevés de leurs obligations personnelles, après avoir subi la condamnation au bannissement perpétuel, sont donc revenus chargés de ces mêmes obligations; par conséquent, leurs créanciers ont retrouvé la possibilité d'en demander l'exécution, contre des débiteurs qui n'étaient plus incapables d'éprouver des poursuites judiciaires.

On veut bien nous accorder qu'avant l'émigration, les dettes personnelles des Émigrés produisaient une obligation tout à la fois de droit naturel et de droit civil; mais, dit-on, par la condamnation des débiteurs, l'obligation du droit civil a été éteinte, et il n'est resté que l'obligation naturelle. Or, pour que cette dernière pût être l'objet d'une poursuite judiciaire, après le retour des Émigrés, il faudrait qu'elle eût repris son lien civil, effet qu'aucune loi n'a énoncé, ni avant, ni depuis la Restauration.

Les lois de radiation, d'élimination et d'amnistie, avaient-elles besoin de déclarer qu'elles rappelaient les Émigrés à leurs obligations naturelles, puisque ces obligations n'avaient pas été détruites? En rendant la vie civile aux Émigrés, on a réuni à leur personne naturelle, qui a toujours existé, la faculté d'user des droits civils, conjointement aux droits naturels qu'ils avaient conservés.

On sait que le droit civil, ou autrement dit le

droit de cité, n'a pour but que d'assurer l'observation des devoirs prescrits par la nature, sauf les modifications qu'il y apporte. Ainsi, toutes les obligations naturelles que n'a point prohibées le droit civil, reçoivent leur sanction de l'autorité humaine elle-même, qui peut être invoquée pour obtenir leur exécution.

Toute obligation naturelle n'a donc pas nécessairement besoin d'un lien provenant spécialement du droit civil; dans ce cas, sont seulement celles pour la validité desquelles la loi positive a exigé certaines conditions; de ce nombre, par exemple, est le mariage. Quoiqu'il soit par lui-même du droit naturel, les engagemens qu'il produit sont d'une trop grande importance dans l'ordre social, pour que le droit positif n'ait pas réglé particulièrement les conditions, sans lesquelles il ne reconnaît pas d'union conjugale; voilà pourquoi le mariage tient à la fois du droit naturel et du droit civil.

Mais les obligations qui sont parfaites par le seul consentement des parties, comme la vente, le bail, le mandat, le prêt, n'ont d'autre lien que celui du droit naturel; en cet état, elles sont susceptibles d'être poursuivies devant les tribunaux, parce que les lois positives n'assujettissent ces sortes d'engagemens à aucune formalité, d'où dépendent leur validité.

Si donc la mort civile des Émigrés n'a pas éteint les obligations naturelles qu'ils avaient contractées antérieurement, ils peuvent être contraints à y satisfaire, puisque, n'en ayant jamais été libérés, ils en étaient encore chargés, lors de leur rentrée en France; et puisque leur réintégration a seulement levé l'empêchement qu'il y avait de les poursuivre devant les tribunaux : en un mot, puisque leurs obligations naturelles qui n'avaient pas été détruites, sont venues reprendre leurs liens du droit privé.

Comment en effet, rendus à la vie civile, les Émigrés ne seraient-ils pas tenus à des obligations naturelles qu'ils avaient souscrites dans un temps où ils étaient citoyens? La privation des droits civils n'a jamais été un obstacle à contracter des engagemens du droit naturel. Les étrangers, les condamnés aux peines emportant mort civile, ne peuvent-ils pas acheter, vendre, louer, emprunter? et pour raison des obligations qui naissent de cette faculté naturelle, ne sont-ils pas traduits devant les tribunaux, quand elle a été exercée avant la condamnation? Ce qui peut se faire sans jouir de la vie civile, serait-il annulé par le seul motif qu'on a été réintégré dans la société nationale?

Veut-on la preuve que le condamné à la mort civile est capable de contracter des obligations

du droit naturel? On la trouve dans tous les re-
cueils de jurisprudence. Il suffira de citer quatre
arrêts de la Cour de cassation, qui ont déclaré
valables des actes faits par des Émigrés frappés
de mort civile : l'un est du 24 germinal an IV,
un autre du 21 fructidor an XI, un troisième
du 15 ventose an XII, et le quatrième du 23 frimaire an XIII. Nous rappellerons les motifs de
ce dernier seulement, parce que la distinction
entre les actes du droit naturel permis aux Émigrés morts civilement, et les actes du droit civil
qui leur étaient interdits, s'y trouve expressément énoncée.

M. de Mauléon, inscrit sur la liste des Émigrés,
n'en avait été rayé qu'en l'an IX, après sa mort.
Pendant son émigration, il avait vendu son domaine de Savaillan, qu'on avait oublié de comprendre dans la confiscation de ses biens. Depuis la
radiation de M. de Mauléon, ses héritiers, à qui
ses biens confisqués avaient été rendus, voulu-
rent revendiquer le domaine de Savaillan, prétendant que la vente était nulle, comme faite par
un mort civilement.

L'acquéreur soutenait que le contrat de vente,
étant de pur droit naturel, avait pu être consenti valablement par un mort civilement, et
que le vendeur était resté légitime propriétaire
du domaine de Savaillan. Ils ajoutaient que les

administrateurs du domaine national, après avoir reconnu l'erreur qu'ils avaient faite de ne pas confisquer la terre dont il s'agit, n'avaient pas insisté pour s'en emparer, dès que le contrat de vente leur a été communiqué.

Ces moyens ont été accueillis par la Cour d'appel d'Agen, dont la décision a été dénoncée à la Cour de cassation ; mais le pourvoi a été rejeté, « attendu que les dispositions prohibitives des lois du 28 mars et du 25 juillet 1793 ne sont relatives qu'à l'intérêt national, et que par conséquent l'Émigré, auteur de l'aliénation, ainsi que ses représentans sont non recevables à s'en prévaloir ;

« Que la disposition de la loi du 12 ventose an VIII, qui veut, que ceux qui étaient considérés comme Émigrés avant le 4 nivose an VIII, ne puissent invoquer le droit civil des Français, ne peut s'appliquer qu'aux actes qui dérivent uniquement de la loi civile et du droit de cité, et que, dans l'espèce, il s'agit d'une vente, sorte de contrat, qui est du droit naturel et des gens. »

Cet arrêt énonce clairement que la mort civile ne prive pas de la faculté de contracter des engagemens du droit naturel, tel qu'est celui de la vente, et par conséquent tous ceux de même nature, comme l'emprunt, le bail et autres qui ne sont pas du droit positif.

Il est vrai que le Code civil promulgué postérieurement à la vente confirmée par l'arrêt qu'on vient de citer, interdit, par son article 25, aux condamnés à une peine emportant mort civile, la faculté de se présenter en justice, soit en demandant, soit en défendant ; mais cette disposition n'a pas pour but de les priver du droit naturel; elle tend seulement à les déclarer indignes de se montrer en justice avec les membres de la société dont ils ont été exclus. La preuve s'en trouve dans le même article : il ajoute que, pour former des actions, ou pour défendre à celles qui seraient dirigées contre les condamnés à la mort civile, il leur sera nommé un curateur par le tribunal où la contestation doit être portée. Remarquez que cette nomination n'est pas faite en conseil de famille, parce que le mort civilement n'a plus de famille, aux yeux de la loi positive.

Les condamnés à la mort civile sont donc, depuis le Code comme avant, capables des contrats du droit naturel; ils peuvent par conséquent acquérir et posséder des biens, les affermer, en prendre à bail, emprunter, et généralement contracter des obligations qui, pour leur validité, n'exigent aucune formalité instituée par le droit civil. On voit cette conséquence dans le même Code où il est dit, art. 33, que « les biens acquis par le condamné depuis la mort civile encourue, et dont il se trouvera en possession au jour de sa mort naturelle, appartiendront à la nation par droit de déshérence. »

La loi entend donc bien, qu'après avoir perdu la qualité de citoyen, même par jugement, tout individu peut participer aux contrats qui ne tiennent leur force que du droit naturel. Voyez en effet le même article 25 déjà cité : il énonce tous les droits qui sont interdits par l'effet de la mort civile ; il n'en est pas un qui ne dérive du droit positif. De-là il suit que tous ceux du droit naturel sont conservés : *inclusio uniùs, est exclusio alteriùs.*

N'est-il pas clairement démontré que toute obligation purement naturelle peut être souscrite valablement par le condamné à la privation des droits civils, et que l'autorité judiciaire peut en ordonner l'exécution ? S'il ne peut pas comparaître en personne, du moins est-il représenté par un curateur. Dès lors, est-il permis de penser que les obligations du même genre, contractées avant la mort civile, puissent s'éteindre par la condamnation à cette peine ? Comment se ferait-il que le retour à la vie civile empêcherait ces mêmes obligations de subsister ? Si, par pure équité, à cause de la confiscation dont il a profité, le fisc a été chargé de payer les dettes du condamné, n'est-il pas évident que ce dernier

n'a plus d'excuse pour ne pas les acquitter, lorsque la mort civile et la confiscation ont cessé
de produire leurs effets contre lui?

Pour achever toute conviction sur ce point
décisif, supposons, pour un instant, que les dettes des Émigrés participassent du droit positif
autant que du droit naturel, et que le lien civil
ait été rompu par la condamnation qu'ils ont
subie; dans cette hypothèse, croira-t-on que le
retour des Émigrés aux droits de citoyen n'aurait
pas remis dans les liens civils les mêmes obligations, dont les liens naturels n'avaient pas été
détruits? Prenons pour exemple le mariage, qui,
dans notre législation, participe du droit naturel et du droit civil. Si l'un des époux est condamné à une peine emportant mort civile, leur
mariage est dissous, comme le dit l'article 25 du
Code, *mais seulement*, ajoute-il, *quant à tous ses
effets civils*. C'est bien décider qu'il continue de
subsister quant au lien naturel.

Voilà pourquoi, si le condamné est rappelé à
la qualité de citoyen, et que l'autre époux soit
encore libre, leur mariage reprend tous ses effets
civils pour l'avenir, sans qu'on exige une nouvelle célébration. Le motif est que le lien naturel, n'ayant pas été rompu, doit retrouver toute sa force dès que les effets civils lui sont rendus. Les Émigrés ne contesteront pas cette vé-

riré; il n'en est aucun qui ait pensé à renouveler les formalités civiles de son mariage qui pourtant, d'après les lois sur l'émigration, avait été dissous civilement.

L'espèce de l'arrêt rendu le 10 juin 1806, rapporté au §. II de l'article 1ᵉʳ de cet écrit, atteste le principe que nous invoquons. On y voit que, si la Cour de cassation refusait les effets civils au mariage des Émigrés, tant qu'ils étaient en état de condamnation, elle reconnaissait que cet engagement, resté subsistant quant au droit naturel, était rentré sous les liens civils, depuis la réintégration de l'époux émigré. Voici ce que cette affaire présente d'applicable à ce que nous discutons en ce moment.

Madame Masson s'était rendue adjudicataire des biens confisqués sur son mari. Ce dernier ayant été amnistié, sa femme avait demandé sa séparation de biens, attendu que toutes les possessions de son mari avaient été vendues au profit de la nation, et qu'il ne lui restait rien pour répondre de la dot de son épouse.

Pour M. Masson, on répondait que la terre d'Yvrey qui lui avait appartenu, avait été acquise par sa femme; que cet immeuble était devenu par conséquent conquêt de communauté et qu'il suffisait pour répondre de la dot.

Il n'est entré dans la pensée de personne de

soutenir que le mariage n'existait pas, faute d'avoir été renouvelé à la municipalité. C'eût été pourtant un moyen bien simple d'assurer à madame Masson la propriété exclusive du domaine d'Yvrey, dont elle s'était reconnue adjudicataire.

La Cour de cassation n'a pas non plus imaginé de fonder sa décision sur le défaut de mariage, parce qu'il avait suffi de l'amnistie du mari, pour rendre au lien naturel non détruit, la force du lien civil, qui seul avait été rompu.

On a donc prononcé sur la contestation comme entre des époux légitimement unis. En statuant sur le point litigieux, les magistrats ont considéré que la communauté d'entre époux, n'étant qu'un effet de la loi positive, avait cessé pendant tout le temps de l'émigration du mari; que cette communauté avait été remise sous les liens civils par la réintégration de l'époux amnistié, parce que le mariage, quoique privé des droits civils pendant l'émigration, n'en avait pas moins conservé les liens naturels. En conséquence, l'acquisition de madame Masson a été déclarée faite hors de la communauté.

Disons donc que, dans le cas où les dettes des Émigrés participeraient du droit civil autant que du droit naturel, le retour des débiteurs à la vie civile, aurait rendu à ces mêmes dettes toute la force qu'elles avaient avant l'émigration; à plus forte raison celles qui n'ont été créées que par le droit naturel, existent-elles aujourd'hui comme avant la mort civile des débiteurs, puisqu'ils n'en avaient pas été déchargés par les peines auxquelles ils avaient été condamnés.

Pourquoi les dettes contractées avant la mort civile ne seraient-elles pas exigibles depuis la réintégration? Les Émigrés ne se croyent-ils pas, avec raison, fondés à réclamer les créances qui leur avaient appartenu? Depuis leur retour à la vie civile, n'exercent-ils pas tous les droits actifs qui leur avaient été acquis avant leur émigration? Il faut bien, pour être conséquent, admettre que les droits passifs qui avaient été acquis contre eux, ont repris également toute leur force. La réintégration n'aurait-elle d'effet qu'à leur profit et au détriment de leurs créanciers? Où est la loi qui ne les rend à leur premier état que pour leurs créances, et nullement pour leurs dettes?

Dira-t-on que les dettes des Émigrés ont seules été éteintes, et qu'il n'en a pas été de même de leurs créances. Si l'extinction des dettes résulte de ce que tous les liens sociaux ont été rompus avec les Émigrés, l'extinction des créances a dû pareillement en être la suite. Cependant les Émigrés sont admis à se faire payer de leurs anciennes créances; ils doivent donc aussi être tenus d'acquitter leurs dettes anciennes.

Non, disent-ils; nos anciennes créances nous ont été enlevées en même temps que nous avons été déchargés de nos anciennes dettes. Le fisc nous a rendu les créances qu'il n'a pas recouvrées. Nous les réclamons, non pas en qualité d'anciens créanciers, mais comme ayant été subrogés aux droits du fisc. La même subrogation n'a pas eu lieu pour les dettes; le fisc en est resté chargé, il n'en a fait aucune cession à nos créanciers.

Ce raisonnement supposerait que, par la confiscation des biens, le fisc est devenu débiteur personnel envers les créanciers des Émigrés. Pour qu'il en eût été ainsi, il aurait fallu que le fisc eût été l'héritier des Émigrés; c'était le seul moyen de devenir personnellement débiteur de leurs créanciers, à moins qu'il n'eût été consenti une novation par ces derniers. Ni l'un ni l'autre cas n'est arrivé.

On a vu plus haut que l'État n'avait pas pris les biens des Émigrés à titre de succession, mais à titre de confiscation, qui équivaut au titre de déshérence, tout opposé à celui de succession. Il a été aussi démontré que nulle novation n'avait été effectuée. Ainsi, le fisc n'a été chargé des dettes des Émigrés qu'en qualité de déten-

teur des biens, et seulement jusqu'à concurrence des valeurs confisquées. En leur rendant
les biens qu'il détenait, son obligation a cessé,
ainsi que la cause qui avait suspendu toute
action contre les débiteurs personnels.

Il n'est donc pas vrai de dire que les Émigrés
poursuivent, comme cessionnaires du fisc, le recouvrement des créances qui leur ont été rendues. C'est en leur nom propre qu'ils exercent
les droits actifs dans lesquels ils sont rentrés.
Ils seraient sans qualité et déclarés non recevables, s'ils voulaient agir comme les représentans du fisc, qui n'a été que détenteur, et n'a
pas opéré de cession en se dessaisissant des biens
confisqués. Il les possédait à un titre qui n'était
pas cessible. La peine de la confiscation ayant
été remise, les biens qui en étaient frappés sont
rentrés dans les mains des anciens propriétaires,
pour en jouir au même titre qu'ils avaient avant
la condamnation. Cette réintégration est une
grâce, sans doute, comme s'efforcent de le prouver les Émigrés réclamans; et par conséquent
elle ne peut pas effacer les effets produits jusqu'alors par la confiscation; mais elle n'en est
pas moins une réintégration qui, pour l'avenir,
fait revivre les droits actifs et passifs qui étaient
acquis avant la peine encourue.

Il est vrai que le fisc n'a rien cédé aux créanciers des Émigrés; pourquoi? c'est qu'il n'avait aucune cession à leur faire, puisque leurs droits n'avaient pas cessé de subsister quant au lien naturel. La remise des biens confisqués a seulement levé l'obstacle qui retenait les poursuites des créanciers ; elle a rendu à ceux-ci la faculté d'exercer leurs droits, comme était rendue aux émigrés la faculté de se défendre sur les poursuites dirigées contre eux.

Ainsi, de même que les anciens débiteurs d'un Émigré ne peuvent pas lui opposer sa mort civile, pour soutenir qu'elle avait éteint ses créances, en les faisant passer dans le domaine de l'État; de même aussi l'Émigré ne peut pas, sous prétexte de sa mort civile encourue, refuser de payer ses anciens créanciers. S'il n'y a pas eu de novation pour les créances des Émigrés, s'ils les recouvrent en qualité de primitifs créanciers, il en doit être de même de leurs dettes; elles n'ont pas pu davantage subir de novation; ils sont tenus de les acquitter comme ayant également recouvré la qualité de débiteurs primitifs.

§. VI.

De la déchéance prononcée au profit de l'État contre les anciens créanciers des Émigrés.

En vain nous avons démontré que les dettes anciennes des Émigrés, si elles résultent d'obligations personnelles, n'ont pas été éteintes par l'effet de la mort civile, ni par la confiscation, et qu'elles n'ont point éprouvé de novation.

En vain est-il prouvé que, si elles ont été contractées valablement par le seul consentement des parties, elles sont restées dans toute leur force comme obligations naturelles; que, si l'on n'a pas pu poursuivre les débiteurs, ce n'est pas qu'ils en fussent déchargés, c'est uniquement parce qu'un motif d'équité incontestable ne permettait pas de leur demander un paiement que l'État les avait mis dans l'impossibilité d'effectuer.

En vain est-il évident encore que cette impossibilité n'existant plus, les poursuites, détournées d'abord contre le fisc, en sa qualité seulement de détenteur des biens confisqués, ont dû reprendre leur première direction contre les débiteurs primitifs, dès qu'ils ont été réintégrés.

En vain de plus avons-nous fait voir que les dettes, même celles qui auraient été contractées sous double lien du droit naturel et du droit civil, n'ayant jamais cessé de subsister sous le premier rapport, ont dû reprendre leur lien civil, aussitôt que les débiteurs ont repris leur qualité de citoyen.

Enfin, c'est en vain que, suivant la raison et le bon sens, les Émigrés étant réintégrés dans tous leurs droits, sans que la loi en excepte aucun, il faut y comprendre leurs droits passifs ; et que, s'il n'est pas douteux que les Émigrés sont redevenus les anciens créanciers de leurs anciens débiteurs, il est impossible qu'ils ne soient pas également redevenus les anciens débiteurs de leurs anciens créanciers.

Tous ces moyens, nous dit-on, s'évanouissent devant la déchéance prononcée contre les créanciers des Émigrés. D'abord la loi du 25 juillet 1793 ordonne de déposer les titres des créances, au directoire du district du domicile des débiteurs, avant le 1er mars 1794, à défaut de quoi les créanciers *seront déchus de tous droits.*

Une autre loi du 1er floréal an III renouvelle cette injonction, et fixe pour le dépôt des titres un nouveau délai de quatre mois, *à peine de déchéance.*

Enfin, le 25 février 1808, un décret impérial déclare, déchues définitivement, faute de production de titres, toutes créances qui n'au-

raient pas été liquidées le 1er janvier 1810, jour
où la commission de liquidation devait être dissoute, et où en effet elle a cessé ses fonctions.
Cette déchéance a eu son exécution; aucun nouveau délai n'a été accordé, et tout créancier de
l'État, qui ne s'est pas mis en règle en fournissant ses titres avant 1810, n'a pu jamais être
admis à se faire liquider.

Toutes les dettes des Émigrés sont donc de
deux classes : celles qui ont été liquidées par
l'État, et celles qui n'ont pas pu l'être, parce
que les titres qui les établissent n'ont pas été dé-
posés en temps utile. Les premières sont éteintes
par le payement. Rien de plus évident, puisque
ce mode d'extinction est le premier, le plus juste
et le plus naturel de tous ceux que la raison et
la loi admettent. Les dettes non liquidées, ajoute-
t-on, sont également éteintes par l'effet des déchéances si formellement prononcées au profit
de l'État.

Pour établir que cette extinction des dettes
peut être invoquée par les Émigrés, on prétend
que, du jour de leur mort civile, ils ont été représentés par le fisc qui s'est emparé de tous
leurs biens corporels et incorporels, et qui a
exercé tous leurs droits actifs, comme il s'est
chargé d'acquitter tous leurs droits passifs. On
accumule les autorités, les monumens de juris-

prudence, pour démontrer cette vérité; ce qui était fort inutile, puisqu'elle n'est pas contestée.

De là on veut conclure que, si les créanciers tombés en déchéance ne pouvaient plus réclamer leur paiement contre l'État, lorsqu'il représentait les Émigrés, ceux-ci ayant été remis à la place de l'État, peuvent profiter de la même déchéance que l'État avait acquise, et l'opposer à leurs créanciers.

Cet argument est le pivot principal sur lequel est fondée la défense des Émigrés, du moins de ceux qui sacrifient les principes à la conservation de leur fortune. Ils savent bien que dans le for intérieur, le droit naturel leur fait un devoir d'acquitter leurs dettes personnelles; mais se soustraire aux poursuites du droit civil, est tout ce qu'ils demandent; peu leur importe le cri de leur conscience.

Heureusement les créanciers n'ont point à craindre d'être victimes de ce système que nous ne caractériserons pas. Les dettes personnelles, quant au lien naturel, n'ont point été éteintes par la mort civile des débiteurs; elles sont donc devenues exigibles aussitôt que ceux-ci sont devenus susceptibles d'être poursuivis; c'est ce que nous avons victorieusement démontré. Ce qui reste à examiner est de savoir si les Émigrés peuvent appliquer à leur profit les déchéances prononcées contre leurs créanciers en faveur de l'État.

Il est incontestable que l'État n'a pas pris à titre de succession, la possession des biens confisqués. Les Émigrés, par la mort civile, étaient incapables de laisser une succession; voilà pourquoi leurs biens sont tombés dans le domaine de l'État, qui n'a pas pu les recevoir comme hérédité, mais uniquement comme des objets qui manquaient de maîtres. La législation ancienne et moderne, comme on l'a prouvé, atteste que la confiscation n'a pas d'autre effet que ceux de la déshérence. Dès lors l'État ne représentait pas les personnes des Émigrés, comme un héritier représente celui à qui il succède. L'État confiscataire n'était que le possesseur des biens, pour les employer, jusqu'à concurrence de leur valeur, au paiement des dettes, et pour jouir du surplus, s'il s'en trouvait, à titre de confiscation; ce qui est tout le contraire d'une possession à titre successif.

En réglant le mode d'acquitter leurs dettes, l'État n'agissait donc point comme représentant personnellement les Émigrés; il n'était point régi par le droit commun des successions. Le droit public, auquel seul sont soumis et le domaine national et la confiscation, devait régulariser la marche à suivre pour payer les dettes dont étaient grevés les biens confisqués. C'était donc dans le seul intérêt de l'État, pour fixer sa portion, qu'ont été déterminés la forme et le temps de la liquidation de ces mêmes dettes.

On ne peut pas dire non plus que l'État agissait comme mandataire des condamnés à la mort civile, car il était réellement propriétaire des biens confisqués sur eux. Son titre de propriété n'émanait pas des anciens possesseurs dépouillés. Une loi politique avait déclaré ces derniers incapables de transmettre aucun droit. L'État qui ne recevait rien d'eux, ne pouvait pas les représenter. Leurs biens étaient tombés dans le domaine public, comme les objets qui n'ont point de maîtres. La possession dans les mains de l'État était d'autant moins celle d'un représentant, que les personnes à qui ces mêmes biens avaient appartenu avaient encouru l'incapacité d'être représentées à quelque titre que ce fût.

La conséquence nécessaire de cette vérité incontestable, est que les mesures prises par le Gouvernement pour l'acquittement des dettes des Émigrés, étaient purement du droit public, et ne concernaient que l'intérêt du domaine de l'État, sans aucun rapport aux Émigrés; morts civilement, ils ne pouvaient pas avoir de représentans. Si l'on a dit, dans les discussions éle-

vées devant les tribunaux, que les Émigrés
étaient représentés par l'État, ce n'était pas pour
en induire que l'État possédait leurs biens à titre
successif, et que ce qu'il faisait était dans l'intérêt de leurs successions. Un pareil langage aurait impliqué contradiction avec les suites nécessaires de la mort civile et de la confiscation,
dont, au contraire, dans ces contestations, on
maintenait constamment tous les effets.

L'État représentait les Émigrés, en ce que la
confiscation de tous leurs biens lui donnait la
faculté d'exercer leurs droits actifs, et de répondre aux actions que faisaient naître leurs droits
passifs. L'État représentait les Émigrés, en ce
que les droits acquis par eux contre des tiers
étaient devenus sa propriété. Pareillement les
droits acquis par des tiers sur les Émigrés pouvaient être exercés contre l'État, parce que la
confiscation ne s'exerce que sur ce qui reste des
biens du condamné, après l'acquittement de ses
dettes. Aussi le fisc n'est-il tenu de les payer que
jusqu'à concurrence de la valeur des biens confisqués.

Dans aucun temps on n'a entendu que l'État
fût le représentant des Émigrés, comme un héritier est le représentant du défunt auquel il
succède. Il suit de là que rien de ce qu'a fait
l'État pour disposer des biens confisqués, ou

pour en acquitter les charges, n'a eu rapport aux Émigrés qui étaient incapables d'être représentés personnellement à titre successif. Lors donc que des lois du droit public, étrangères au droit privé, ont établi des déchéances contre les créanciers qui ne se feraient pas liquider dans les délais déterminés, elles n'ont rien réglé qui concernât les personnes des Émigrés; elles n'ont eu pour but que les finances de l'État, parce qu'alors les biens confisqués faisaient partie du domaine de l'État. Il ne s'agissait aucunement de successions, mais de biens qui avaient été recueillis à titre de confiscation et de déshérence.

Est-il possible d'imaginer maintenant que les Émigrés, réintégrés dans leurs droits primitifs, puissent invoquer contre leurs créanciers d'autres lois que celles du droit privé, du droit commun à toutes les affaires particulières des citoyens? Ne sont-ils pas non recevables à s'appliquer des lois du droit public, rendues uniquement pour l'ordre des finances de l'État, et par conséquent dans le seul intérêt public, sans aucun rapport avec des intérêts particuliers?

L'espèce de prescription dont il s'agit, et créée sous forme de déchéance, émanait de lois spéciales qui ne concernaient que l'État considéré, non comme héritier des Émigrés, mais comme propriétaire de biens confisqués. Une force majeure, en ce qui intéressait le fisc seulement, soumettait les créanciers au droit public, et leur imposait une prescription moins longue que celle du droit privé. Du moment où le fisc n'a plus eu d'intérêts à démêler avec eux, ils ont cessé d'être assujettis au droit public pour leurs créances, qui sont rentrées sous l'empire du droit privé. Déjà assez froissés par l'émigration de leurs débiteurs, pourquoi ne trouveraient-ils pas du secours comme ceux-ci, dans le bienfait réparateur des malheurs qui leur étaient communs?

Les secousses politiques avaient frappé les créanciers et les débiteurs, différemment sans doute, mais les intérêts des uns et des autres avaient été blessés. Les uns et les autres aussi doivent profiter des événemens favorables qui ont effacé pour l'avenir les traces de la proscription des Émigrés. Y a-t-il de la justice, de l'honneur même à vouloir que le retour des débiteurs à la vie civile, à la possession de leurs biens, à la jouissance de tous leurs droits primitifs, ne serve qu'à eux seuls? Faut-il violer tous les principes, pour empêcher les créanciers de participer, autant qu'ils le peuvent, à la bienveillance du Gouvernement? Les lois qu'il a portées pour tempérer d'abord, et ensuite pour remédier plus complétement aux maux causés par l'émigration, doivent produire tous les effets dont elles sont susceptibles, car elles n'en exceptent aucun. En rendant aux Émigrés tous leurs droits primitifs, elles ne distinguent pas les droits actifs des droits passifs. Tous y sont compris; elles étendent donc leurs bienfaisantes dispositions à tous les individus intéressés à la réintégration qu'elles prononcent, aux Émigrés et à leurs créanciers.

On nous cite différens arrêts de la Cour de Cassation, qui jugent que l'État pouvait opposer les prescriptions encourues contre les Émigrés. On nous en montre d'autres où l'on voit que le temps de la prescription commencée au profit de ces derniers, a continué à courir au profit de l'État depuis la confiscation. On se prévaut aussi de ce que des jugemens ayant acquis force de chose jugée contre les Émigrés avant la mort civile encourue, ont été déclarés exécutoires contre l'État après la confiscation; et on argumente de ce que réciproquement des jugemens auxquels l'État avait acquiescé pendant l'émigration, n'ont pas pu être attaqués par les anciens propriétaires réintégrés.

De-là on induit que le fisc a représenté les Émigrés, ce qui, dit-on, est conforme à la loi 128, § I, au digeste *de Regulis juris* : il y est écrit que celui qui succède à titre universel, est réputé succéder à titre d'héritier : *Hi, qui in universum jus succedunt, hœredis loco habentur.*

Ce texte n'est nullement applicable au cas dont il s'agit; il est impossible d'admettre que l'État ait succédé aux Émigrés à titre universel, puisqu'ils n'ont pas laissé de succession, et que la mort civile les rendait incapables d'avoir des héritiers. Pour succéder *in universum jus*, il faut succéder à la personne et aux biens, sans cela il n'y a pas universalité de succession; or, la confiscation, comme on l'a prouvé, n'attribue les biens à l'État qu'à titre de déshérence. L'État ne succède donc pas à la personne des condamnés, mais seulement à leurs biens, qui ne trouvent point d'héritiers pour les recueillir.

Un autre motif encore a déterminé les arrêts qui nous sont opposés ; il est tiré de ce que les biens acquis par la confiscation étaient passés au fisc dans l'état actif et passif où ils étaient entre les mains des Émigrés. Il fallait donc prononcer sur les droits réclamés par le fisc ou contre lui, comme on aurait fait pour ou contre les anciens propriétaires. On n'a pas pu supposer qu'il y eût succession ouverte du chef de ces derniers, qui étaient incapables de transmettre leurs biens à titre successif, ni par conséquent à titre universel.

Si vous me vendez des droits, ou bien des objets corporels, pour les prendre tels que vous les possédez, je profiterai nécessairement du temps qui a couru pour la prescription pendant votre jouissance. Par la même raison, on peut m'opposer le temps de la prescription que vous avez laissé courir; et mes droits sur la chose que j'ai acquise sont la continuation des vôtres, sans que je sois votre héritier. Pareillement les jugemens que vous avez obtenus et ceux rendus contre vous concernant l'objet de mon acquisition, feront loi, les uns en ma faveur, et les autres contre moi. Enfin, comme détenteur, je serai tenu des dettes affectées sur ce que vous m'avez vendu, à moins que je ne le déguerpisse. Pourquoi? c'est que dans la propriété que vous m'avez vendue, je vous représente pour les droits actifs et passifs qui en résultent. Je ne suis pourtant pas votre successeur à titre universel; je vous remplace seulement dans la propriété qui vous appartenait. Les droits que vous y aviez sont passés dans mes mains pour éprouver le même sort qu'ils auraient eu dans les vôtres; je ne suis pas pour cela votre représentant pour vos droits purement personnels.

Le fisc n'a pas représenté autrement les Émigrés; il n'a pas recueilli leurs biens comme ayant succédé à leurs personnes; il les a acquis

par la confiscation, qui est un titre aussi particulier que le serait un contrat de vente, et qui
ne fait pas succéder *in universum jus.* Ainsi,
le fisc a dû profiter des droits actifs qui étaient
attachés aux biens confisqués; comme aussi il a
dû supporter les droits passifs dont ces mêmes
biens étaient grevés. Tout cela s'est effectué par
le fisc, sans qu'il ait jamais eu la qualité d'héritier ou de successeur à titre universel, le seul
qui fasse succéder à la personne.

Tels sont les vrais principes qui résultent des
lois rendues sur l'émigration, et appliquées constamment dans les contestations judiciaires qui
se sont élevées sur cette matière.

Ceux des Émigrés qui ont leurs créanciers
en horreur, ne peuvent se dispenser de convenir que leur système choque ouvertement la jurisprudence constante des tribunaux. Comment
cherchent-ils à détruire l'autorité d'une jurisprudence qu'ils déclarent eux-mêmes être *générale et nullement contestée?* Chose assez curieuse!
ils s'en prennent aux juges, et même aux avo-
cats qui ont défendu les Émigrés. Tous, dit-on,
dans toute la France, à toutes les époques, sont
tombés dans *un oubli des premiers élémens du
droit; ou bien, une prévention aveugle a égaré
leur raison, et leur a fait méconnaître les principes les plus vulgaires.*

Voilà un anathème bien téméraire, bien hasardé. Nous ne pensons pas que ni les magistrats, ni les défenseurs des Émigrés, ni même les jurisconsultes qui ont plaidé contre eux, puissent se trouver offensés par une boutade aussi peu mesurée que peu fondée. Elle est trop exagérée, trop absurde pour n'être pas considérée comme échappée au désespoir d'une cause malheureuse.

Quoi qu'il en soit, cette jurisprudence générale, constante, et qui n'est pas contestée, est une autorité bien imposante pour quiconque sait rendre justice aux lumières des tribunaux et du Barreau français. Cependant ceux qui la proscrivent n'hésitent pas à dire qu'elle *doit changer du moment que la question sera examinée de bonne foi.* Quoi ! n'était-ce pas assez de taxer d'ignorance et de prévention toute la magistrature, tous les jurisconsultes ? Fallait-il encore les accuser de mauvaise foi ? Le dépit qu'éprouvent des débiteurs sans moyens solides pour écarter leurs créanciers, ne devait pas excéder les bornes de la décence.

Au reste, quels sont donc ces principes si universellement oubliés par toutes les personnes de l'ordre judiciaire, pendant si longues années ? ce sont ceux de la novation. C'est un des argumens qu'on se plaît à reproduire sous toutes les formes. L'État, nous dit-on, s'est chargé de payer les dettes des Émigrés ; ceux-ci en ont donc été libérés. L'arrêté des Consuls, du 3 floréal an XI, et la lettre du ministre des finances, du 3 frimaire an XII, laquelle explique cet arrêté, disent bien que les créanciers des Émigrés réintégrés peuvent reprendre leurs actions restées suspendues pendant le temps qu'a duré la mort civile des débiteurs ; mais ces actes d'un gouvernement usurpé ne peuvent pas être pris en considération sous un gouvernement légitime. D'ailleurs, cet arrêté des Consuls n'a pas été publié dans le Bulletin des Lois ; il n'a aucune force légale. Voyez à ce sujet, nous dit-on, la consultation du jurisconsulte distingué qui s'est hautement déclaré en faveur des Émigrés contre leurs anciens créanciers.

Nous ne demandons pas si ce jurisconsulte, vraiment très-éclairé, aurait accordé si peu d'autorité à l'arrêté des Consuls, lorsqu'il était secrétaire de leur Conseil d'État ; nous ne chercherons pas à pénétrer si cette aveugle prévention qu'on prétend avoir si généralement et si constamment égaré la raison de tous les tribunaux, n'aurait pas un peu troublé la sienne. Pourquoi serait-il en France le seul qu'aurait épargné cette contagion, puisqu'elle semble attachée spécialement à la cause des Émigrés ; et puisqu'on assure que pas un de leurs défenseurs n'a pu y échapper? Pour preuve qu'il n'a pas été atteint du mal, on allègue l'opinion qu'il a émise. Mais dans toutes les épidémies, la maladie change de caractère selon le changement de température, et souvent elle n'en est que plus grave.

Nous n'essaierons pas de justifier le défaut de publication de l'arrêté des Consuls dans le Bulletin des Lois; nous dirons seulement que, si alors on avait demandé au ci-devant secrétaire du Conseil d'État la raison de cette omission, il aurait répondu que la formalité de l'insertion n'était point applicable à un arrêté qui ne portait aucune décision, et qui se contentait d'expliquer, soit les principes certains en matière de confiscation, soit ceux établis spécialement par les lois rendues sur l'émigration. Il fallait donc s'y conformer, comme ont fait constamment tous les tribunaux, non pas parce que les Consuls l'avaient ordonné, mais parce que telle était la disposition des lois dont l'arrêté consulaire indiquait le vrai sens.

Oui, suivant la législation ancienne et moderne, comme nous l'avons vu plus haut, l'État qui acquiert, par voie de confiscation, n'a jamais, dans aucun temps, été considéré comme héritier du condamné. Il ne succède qu'aux biens ; il n'est chargé des dettes dont ils sont grevés, que comme détenteur. De-là il suit qu'il ne s'est point opéré de novation qui n'a lieu que pour l'obligation personnelle. Nous l'avons assez prouvé au paragraphe Ier de cet article. C'est là que sont énoncés les véritables principes de la matière ; c'est par la sage application qui en a été faite, que tous ces magistrats, si légèrement accusés en masse, ont constamment refusé aux Émigrés le bénéfice de la déchéance que l'État avait acquise contre les créanciers qui ne se sont pas fait liquider dans les délais fixés.

Pouvaient-ils prononcer autrement ? S'il n'y a pas eu de novation, ce qui est incontestable, l'État, simple débiteur délégué, n'a pas pu forcer les créanciers à traiter avec lui. L'État, en qualité de confiscataire, a bien pu leur offrir un mode de paiement, mais il n'a pas pu les contraindre à l'accepter ; il a bien pu, par une loi d'ordre public, déclarer que ses offres n'avaient d'effet de sa part, que jusqu'au i^{er} janvier 1810 ; mais il n'a pas pu empêcher les créanciers de préférer la conservation de leurs titres à une liquidation qui ne leur convenait pas. Il a bien pu leur défendre de former en justice des actions inutiles ; mais il n'a pas pu les priver de leurs créances restées entières dans le droit naturel, contre des débiteurs qu'ils n'avaient pas formellement déchargés. Enfin dès que l'État n'agissait que comme confiscataire, il n'a pas pu enlever aux créanciers l'espérance de voir un jour leurs débiteurs recouvrer la vie civile.

Le dernier refuge des Émigrés qui méconnaissent leurs créanciers, est la loi du 5 décembre 1814. Nous en convenons, disent-ils, l'arrêté des Consuls, du 3 floréal an XI, nous condamne à payer des dettes dont nous pensions être débarrassés par la mort civile que nous avons encourue. La jurisprudence, qui, nous le savons, est générale, constante et non contestée, a toujours accueilli les réclamations de nos créanciers; les arrêts de la Cour régulatrice ont toujours décidé que la déchéance, dans laquelle sont tombés nos créanciers, n'a été prononcée que dans l'intérêt du fisc. Eh! bien, tous les monumens d'un gouvernement arbitraire et usurpateur disparaissent devant la loi réparatrice du 5 décembre 1814.

Cette loi bienfaisante d'un monarque légitime a tout ordonné en notre faveur. Elle a maintenu, par son article 1er, les droits acquis en vertu des lois et des jugemens rendus antérieurement. Elle a donc déclaré que nous avons subi la peine de la mort civile et la confiscation, et que nous n'avons été réintégrés qu'à titre de grâce. Mais aussi, maintenir la législation antérieure, c'était dire que l'État restait chargé d'acquitter nos dettes ; c'était confirmer l'effet de l'injonction faite à nos créanciers de procéder à la liquidation de leurs titres, sous peine de déchéance ; c'était, par conséquent, ordonner l'exécution de la loi du 25 février 1808, qui déclare déchus tous ceux de nos créanciers qui n'auraient pas été liquidés au 1er janvier 1810.

Voilà bien un droit acquis à l'État ; la loi du 5 décembre 1814 ne permet pas de revenir contre cette déchéance définitive et absolue. Nous en appelons encore au témoignage de la célèbre consultation déjà citée. Qui, mieux que son auteur, sait ce que valent, auprès des lois de la Restauration des Bourbons, les actes du gouvernement précédent, qu'il a servi si long-temps ?

Oui, Messieurs, pouvons-nous répondre, la loi du 5 décembre est un bienfait, une munificence de l'autorité souveraine ; oui, sans doute, elle a maintenu dans tous leurs effets, pour le passé, la législation, les arrêtés du Gouvernement et les jugemens antérieurs concernant l'émigration ; et c'est précisément ce qui proscrit votre système de libération. Ne sont-ce pas les actes du Gouvernement et la jurisprudence maintenus par la loi du 5 décembre 1814, qui ont autorisé vos créanciers à reprendre leurs poursuites contre vous, sans égard à la déchéance qu'ils avaient encourue contre l'État ? Cette faculté de réclamer contre vous leur paiement, n'est-elle pas un droit qui leur était acquis antérieurement par la législation et la jurisprudence? En maintenant les actes de l'autorité législative et judiciaire, cette loi réparatrice que vous invoquez, n'a-t-elle pas, par conséquent, maintenu les droits qu'ils ont acquis à vos créanciers? Pourquoi vous obstiner à ne voir, dans la nouvelle loi, que la maintenue des droits qui vous sont profitables, lorsqu'elle n'a fait aucune exception, lorsque, dans sa généreuse disposition, elle a compris tous les droits généralement quelconques, ceux acquis par vous contre des tiers, et ceux acquis par des tiers contre vous?

Ne dites pas qu'une loi, ouvrage de la sagesse du Roi, n'a pu maintenir que ce qui avait été justement acquis; ce serait tomber en contradiction. Vous proclamez de toutes vos forces qu'elle a confirmé la législation, les actes du Gouvernement et les jugemens antérieurs concernant l'émigration. Or, ces divers monumens des autorités antérieures sont précisément ceux qui vous déclarent obligés au paiement de vos anciennes dettes. Vous reconnaissez donc que ce paiement de votre part est de toute justice, puisque vous dites, avec raison, qu'une loi, ouvrage d'un monarque légitime, n'a pu maintenir que des droits justement acquis.

Vous voulez l'entière exécution de cette loi bienfaitrice qui est votre ancre de salut; et pour en tirer tout l'avantage que vous desirez, vous soutenez hautement qu'elle n'a effacé les traces de votre condamnation à la mort civile, que pour l'avenir; qu'ainsi, pour le passé, il faut vous considérer comme des coupables condamnés et pardonnés, qui ne reviennent à la vie civile, que sous les conditions prescrites par la législation antérieure, maintenue par la Charte et la loi du 5 décembre 1814. Soyez donc conséquens : ces actes précieux de la Restauration maintiennent non-seulement les droits acquis pour vous, mais encore ceux acquis contre vous; car ils n'en exceptent aucun. Quel est donc votre délire, quand vous ne les appliquez qu'à ce qui vous est favorable, sans vouloir qu'ils profitent également à vos créanciers? N'est-ce pas vous plutôt qui êtes atteints de cette contagion qui, si on vous en croit, s'est répandue si universellement, si constamment sur tout ce qu'il y a de plus éclairé dans l'ordre judiciaire? Oui, rien n'est plus évident, ce mal n'a atteint que vous seuls.

Il reste donc démontré que la loi du 5 décembre 1814, émanée de la sagesse du Roi, ne contient rien d'injuste, en ne disposant que pour l'avenir; en maintenant toutes les traces de la mort civile et de la confiscation, pour le passé;

en se conformant par là au Code civil, art. 2, qui ne veut pas que les lois aient jamais d'effets rétroactifs; en laissant subsister tous les effets produits, tous les droits acquis en vertu de la législation, des actes du Gouvernement et des jugemens antérieurs. Ainsi cette loi ne permet pas que la déchéance, prononcée dans le seul intérêt de l'État par des lois du droit public, soit applicable à de simples particuliers, qui ne doivent être régis que par le droit civil pour leurs affaires privées. Cette même loi conserve donc aux créanciers des Émigrés, nonobstant cette déchéance, dont les effets leur sont étrangers, ce que les lois, les actes administratifs et judiciaires leur avaient accordé, c'est-à-dire la faculté de poursuivre leurs débiteurs, qui ont recouvré la capacité de comparaître devant les tribunaux.

§ VII.

Peut-on appliquer aux dettes des Émigrés, les décisions rendues sur les dettes des Communes.

———

Ceux des Émigrés qui voudraient voir disparaître leurs anciennes dettes, s'appuient de la législation et des actes du gouvernement du Roi, concernant les dettes anciennes des communes. Ces dettes, disent-ils, ont été éteintes en vertu des

lois qui ont réuni les biens des communes au domaine de l'Etat. Beaucoup de dettes, dont ces mêmes biens étaient grevés, n'avaient pas été payées
par l'État, lorsque les biens ont été rendus aux communes, qui n'en sont pas moins restées libérées.

Pourquoi n'en serait-il pas de même des dettes des Émigrés ? Leurs biens sont pareillement
passés dans le domaine de l'État, qui également
en a pris sur lui les charges. S'il leur a rendu
ceux de leurs biens qui n'avaient pas été aliénés,
il en a été usé de même envers les communes
qui n'en sont pas moins restées affranchies de
toutes leurs dettes. N'est-il pas juste de traiter
de même les Émigrés ? Peut-il y avoir deux poids
et deux mesures dans des circonstances absolument semblables ?

Il est à remarquer que, de leur côté, les anciens créanciers des communes invoquent la législation et la jurisprudence relatives aux Émigrés, qui ont été forcés de payer leurs dettes antérieures à la confiscation. Ils ne peuvent pas
concevoir non plus qu'il y ait de la différence
entre la réintégration des Émigrés et celle des
communes, dans la jouissance de leurs biens respectifs. Les Émigrés voudraient être traités comme
les communes; celles-ci ne se croient pas dans le
même cas que les Émigrés. De quel côté est le bon
droit ? c'est ce qu'il faut expliquer.

Il est bien vrai qu'une loi du 5 août 1791, avait ordonné aux communes de vendre leurs biens pour payer leurs dettes. L'attachement des communes à leurs anciennes possessions fut un obstacle presque général à l'exécution de cette loi; c'est pourquoi une autre loi, du 22 août 1793, ne laissa plus aux communes le soin de vendre leurs biens; qui furent déclarés faire partie du domaine public, pour être régis et vendus comme tous les meubles et immeubles devenus nationaux. En conséquence, il fut enjoint aux communes d'envoyer un état de leur actif; en même temps leurs dettes existantes furent mises à la charge de l'État.

On ne peut pas non plus disconvenir qu'ensuite, par la loi du 2 prairial an V, la vente des biens communaux fut interdite pour l'avenir; en sorte que les communes restèrent en possession de ceux de leurs biens qui n'étaient pas aliénés. Il n'est pas dit, dans cette loi, que l'État cessait d'être chargé d'acquitter les anciennes dettes des communes; et au contraire, la législation sur les Émigrés autorise les créanciers à se faire payer de ceux à qui les biens disponibles étaient rendus.

Les créanciers des communes prétendent que, si une disposition semblable n'est pas expresse en leur faveur, on la trouve implicitement dans la loi qui a rendu les biens des communes. Ils disent, que l'État ayant été chargé d'acquitter les dettes, parce qu'il prenait les biens, il était naturel qu'en restituant les biens, il ne fût plus tenu des dettes.

Un autre fait pareillement certain, c'est que, le 20 mars 1813, une loi céda les biens des communes à la Caisse d'amortissement, moyennant une rente constituée sur l'État, et proportionnée, pour chaque commune, à la valeur des biens cédés. Cette loi transfère les hypothèques sur les biens non vendus, et par suite, sur la rente qui représenterait le prix de la cession faite à la Caisse d'amortissement.

Sans examiner si cette loi a été exécutée, il n'en est pas moins évident, disent les créanciers des communes, que l'État ne devait plus être chargé des anciennes dettes, du moment qu'il cessait de posséder les biens qui en étaient grevés. La cause n'existant plus, l'effet a dû cesser.

Pendant les gouvernemens qui ont précédé la Restauration de la famille des Bourbons, aucun de ces créanciers non liquidés par l'État, ne s'est avisé de s'adresser aux communes, pour avoir paiement des dettes par elles contractées ; ils savaient qu'elles en avaient été libérées, depuis que l'État s'en était chargé. Ils se croyaient bien évidemment compris dans la déchéance prononcée, par la loi du 25 février 1808, contre tous les

créanciers de l'État qui n'auraient pas été liquidés avant le 1ᵉʳ janvier 1810. Ils ne pensaient
même pas qu'il leur fût possible alors, de prétendre que, l'État ayant bien voulu ne pas se mettre en possession des biens non vendus des communes, elles fussent, par ce seul fait, redevenues
débitrices de dettes éteintes pour elles.

Cependant, au rétablissement d'un gouvernement véritablement représentatif, où toute mesure arbitraire devait cesser, les anciens créanciers des communes ont cru pouvoir réclamer
utilement, et s'étayer de ce qui avait lieu à l'égard
des Émigrés. Ils ne pensaient pas, disaient-ils,
que, sous le règne des principes de justice, on
pût, comme l'avait fait le despotisme impérial,
les traiter autrement que les créanciers qui avaient
attaqué efficacement leurs anciens débiteurs
Émigrés et réintégrés.

On peut voir dans le *Journal du Palais*, au
Recueil des Décisions du Conseil d'État, année
1821, page 17, les moyens employés par les
anciens créanciers des communes, et comment
celles-ci se défendaient lors des trois affaires dont
il y est rendu compte.

Dans la première, M. Vinot s'était pourvu administrativement pour obtenir l'autorisation de
poursuivre la commune de Landreville, en paiement d'une dette qui remontait à l'année 1786.

Un arrêté du Préfet de l'Aube, en date du 13 février 1813, confirmé par décision du ministère de l'intérieur, a rejeté la demande, sur le motif que la commune ne devait rien, et que la dette avait été déclarée nationale par la loi du 24 août 1793.

Le réclamant s'est pourvu au Conseil d'Etat pour faire annuler l'arrêté du Préfet et la décision ministérielle.

Le 10 janvier 1821, une ordonnance royale a rejeté la requête, parce qu'en effet, aux termes de la loi citée, « la dette dont il s'agit est devenue dette de l'Etat ; qu'en cette qualité le paiement n'a pu en être poursuivi que contre l'Etat et par voie de liquidation administrative ».

Cette décision déclare implicitement que la dette non-seulement ne pèse plus sur la commune, mais encore qu'elle est totalement éteinte, puisque la déchéance prononcée en 1808, contre tous les créanciers de l'Etat non liquidés au 1er janvier 1810, ne permet plus de lui demander paiement des dettes antérieures dont il s'était chargé.

La seconde espèce présente une créance privilégiée. Madame de la Touche Treville avait cédé en 1787, à la commune de Rochefort un terrain et des bâtimens pour cause d'utilité publique. Elle ne s'était pas fait liquider du prix de cette vente, qui lui était encore dû, lorsque la loi du 24 août 1793, a déclaré que les créanciers des communes étaient devenus ceux de l'Etat. Cette créance est donc tombée en déchéance. En 1815 madame de la Touche Treville, vu les événemens politiques, croit pouvoir réclamer son paiement, et le 10 février de cette même année, elle obtient une ordonnance royale qui lui est favorable. Une circonstance paraissait écarter la déchéance : la commune de Rochefort s'était reconnue débitrice, et avait payé les intérêts dus à madame de la Touche Treville.

Cependant, n'ayant pas été entendue, lorsque fut rendue l'ordonnance du Roi, la commune y forma opposition.

Madame de la Touche Treville proposa deux fins de non recevoir ; l'une tirée de ce que l'opposition était tardive, l'autre fondée sur le paiement des intérêts de la dette ; ce qui était un acquiescement de la part de la commune.

Mais, par ordonnance royale du 28 mars 1821, il fut décidé, sur la première fin de non recevoir, que la précédente ordonnance ayant été rendue sans que la commune de Rochefort eût été ni entendue ni même appelée ; son pourvoi constituait une tierce opposition, à laquelle les délais de l'opposition ordinaire ne sont pas applicables.

Rien n'est plus raisonnable ; il est juste que la partie appelée qui ne comparaît pas, n'ait qu'un délai assez court pour former opposition à une décision qu'elle a laissé prendre par dé-faut. Au contraire, si elle ignore qu'on a formé une demande contre elle, il n'est pas moins juste qu'on ne puisse pas lui imputer le temps pendant lequel elle n'a pas eu connaissance de l'attaque.

Sur la seconde fin de non recevoir, il a été constaté que la commune de Rochefort n'avait consenti par aucun budget, ni par aucune déli-bération, à ce que les intérêts de la dette fussent acquittés par le receveur municipal.

La question sur le fond de la demande était donc entière. Pour la décider, on a bien reconnu que madame de la Touche Treville (représentée par son héritier), était devenue créancière de la commune de Rochefort, par la vente qu'elle avait consentie en 1787 ; mais on a considéré « qu'aux termes des articles 82 et 85 de la loi du 24 août 1793, les dettes des communes, an-térieures à cette époque, ont été déclarées natio-nales, et les créanciers tenus de se pourvoir en liquidation. »

En conséquence, l'ordonnance royale du 10 fé-vrier 1815, a été révoquée, et le représentant de madame de la Touche Treville condamné aux dépens. C'était dire encore qu'une dette de commune est tombée en déchéance, si elle n'a pas été liquidée par l'État avant 1810.

La troisième réclamation avait pour objet le prix des réparations faites en 1789 à l'église de Vimoutiers, en vertu de délibération prise par la commune et homologuée par l'intendant de la province, qui, par suite d'une autre délibération, avait réglé le montant des travaux à 5,200 fr.

Cette dépense ne fut payée ni par la commune, ni par l'État. Les héritiers Crespin, croyant que des temps plus heureux leur promettaient plus de justice, réclamèrent le paiement des travaux exécutés par leur père. Mais les autorités administratives et judiciaires se déclarèrent incompétentes, jusqu'à ce qu'il eût été décidé par le Gouvernement si cette dette était à la charge du trésor public, ou si elle était devenue de nouveau celle de la commune.

Il fallut donc présenter requête au Roi, qui, le 16 juin 1821, en a prononcé le rejet, sur le rapport de son comité du contentieux. Après avoir rappelé l'arrêté du conseil de préfecture du département de l'Orne, et le jugement du tribunal d'Argenton qui renvoient les parties à se pourvoir, l'ordonnance royale considère « que, dans le cas où la dette dont il s'agit aurait été contractée par l'ancienne fabrique de l'église de Vimoutiers, la nouvelle fabrique de ladite église ne saurait en être tenue, aux termes de l'avis du conseil d'État, approuvé le 9 décembre 1810, lequel a décidé que les dettes de cette espèce étaient devenues nationales.

» Que dans le cas où ladite dette aurait été contractée par la commune de Vimoutiers, elle serait également devenue nationale, aux termes de l'article 82 de la loi du 24 août 1793.

» Qu'ainsi, dans aucune de ces deux hypothèses, il n'y a lieu d'admettre la réclamation des héritiers Crespin. »

En effet, comme dans les espèces précédentes, ces derniers étaient déchus du droit de répéter cette ancienne créance contre l'État.

Ce qui est à remarquer sur ces décisions, c'est l'avis du ministre de l'intérieur qui avait été consulté. Il y est dit que la charge imposée au trésor public par l'article 82 de la loi du 24 août 1793, n'a pu être regardée que comme une obligation contractée sous la condition que les communes remettraient leurs biens au domaine public, en fournissant l'état général de leur actif, comme cette loi le leur ordonnait. Or, les dix-neuf vingtièmes des communes n'avaient pas rempli cette condition ; au contraire, elles n'avaient pas cessé d'administrer leurs biens, et de se faire autoriser à les vendre, à les échanger, à en acquérir d'autres, à s'imposer extraordinairement pour acquitter leurs dettes; d'où il suit que le domaine n'a pas dû être chargé des dettes, dès qu'il a cessé de posséder les biens qui en étaient grevés.

Son Excellence ajoutait que beaucoup de communes avaient acquiescé aux réclamations de leurs créanciers, ou qu'elles avaient mis obstacle à leur liquidation, soit en reconnaissant volontairement les dettes, soit en continuant d'en payer les arrérages ou intérêts, soit en négligeant d'envoyer leur état actif et passif.

Enfin le ministre pensait que l'équité naturelle, ainsi que les maximes du droit commun, repoussaient les prétentions des communes; l'équité naturelle, qui ne souffre pas que le débiteur possesseur du gage se dispense de payer; les maximes du droit commun, qui permettent à tout créancier hypothécaire de suivre son gage entre les mains du détenteur.

Il est bon d'observer que le ministre qui défendait si bien les intérêts des créanciers des communes, n'est pas le même que celui qui s'était prononcé dans un sens contraire, en confirmant l'arrêté du Préfet de l'Aube, dans l'affaire de M. Vinot, la première de celles dont on vient de rendre compte. Ainsi le Conseil d'État avait à se décider entre les opinions opposées de deux ministres. Il n'a pas cru que l'équité naturelle fût blessée en rejetant des réclamations tombées en déchéance, ni que, dans une matière toute de droit public, on dût invoquer les règles du droit privé.

Ces monumens de la jurisprudence du Conseil d'État du Roi, prouvent que, l'État s'étant chargé des dettes contractées par les communes antérieurement à la loi du 24 août 1793, les communes en ont été pour toujours libérées, parce que la remise qui leur a été faite des biens grevés, n'a pas imposé aux communes libérées l'obligation d'acquitter leurs anciennes dettes.

Pourquoi les Émigrés ne seraient-ils pas traités de même? Leurs créanciers n'ont pas été déclarés moins solennellement créanciers de l'État. Par quel motif, en rentrant dans leurs biens, les Émigrés seraient-ils moins libérés que ne l'ont été les communes? Était-il juste de mettre à la charge des Émigrés leurs anciennes dettes, qui étaient depuis long-temps celles de l'État, lorsqu'on ne leur rendait qu'une partie de leurs biens ; tandis qu'en laissant aux communes la presque totalité de leurs biens, on les tenait libres de toutes leurs dettes ?

La réponse est qu'il n'existe aucune analogie entre les communes et les Émigrés. La législation qui concerne ceux-ci n'est point applicable à celles-là. En effet, la société nationale est une corporation qui, pour la facilité de l'administration, est divisée en portions : ce sont les départemens, les arrondissemens, les cantons et les communes. Mais toutes ne sont que les parties du corps de l'État, et chacune pourrait posséder des biens pour ses besoins particuliers ; ce qui ne serait qu'une distribution plus étendue des biens consacrés aux ressources publiques.

Dans le fait, les communes sont les seules de ces sections du corps national qui aient des biens destinés à leur usage particulier ; et s'il en est qui n'en possèdent aucun, ou si, comme beaucoup de communes, elles n'en possèdent pas assez pour leurs besoins, il faut que l'État pourvoie à leurs dépenses. Voilà pourquoi elles ne peuvent rien dépenser sans une autorisation ; elle leur est pareillement nécessaire pour aliéner leurs biens, pour emprunter ; c'est absolument comme l'administration du domaine spécial de l'État, qui ne peut disposer de ce qui est confié à ses soins, sans que des lois ne l'aient ordonné.

Ainsi, quoique les communes aient des biens affectés à leur usage, ces biens n'en font pas moins partie de la masse active des propriétés nationales. La puissance législative peut donc en disposer, comme elle dispose de ce qu'on appelle spécialement le domaine de l'État, parce qu'ils sont consacrés aux besoins généraux de la nation.

Par conséquent, la loi qui, en 1791, a ordonné aux communes de vendre leurs biens pour payer leurs dettes, est de la même espèce que celles qui, dans certaines circonstances, ordonnent la vente des biens domaniaux, pour subvenir à des dépenses générales. Le Souverain, en destinant les biens des communes au paiement de leurs dettes, ne faisait alors que diriger, d'une manière qui lui paraissait plus convenable, l'administration d'objets confiés à ses soins.

Les communes n'ayant pas exécuté le mandat qui leur avait été donné, pour l'aliénation de la portion du domaine public affecté spécialement à leurs besoins, une loi de 1793 les a débarrassées d'une mission qu'elles n'aimaient pas, et a déclaré que leurs biens seraient régis et vendus comme ceux du domaine, qui sont appliqués aux besoins généraux de l'État. En conséquence, il ne fallait plus que les créanciers des communes s'adressassent à elles pour être payés; leur liquidation devait nécessairement être réglée par la commission chargée d'éteindre les dettes générales de la nation.

Pour arriver à ce résultat, il fallait que chaque commune dressât l'état de son actif et de son passif; la plupart n'ont pas obéi, toujours à cause du déplaisir qu'elles éprouvaient d'une mesure qui, pourtant, avait pour but de les libérer de leurs dettes. Le Gouvernement alors a pensé que les circonstances ne permettaient pas d'agir trop rigoureusement contre les communes récalcitrantes ; au contraire, il a cru plus convenable à la tranquillité publique, non-seulement de leur laisser l'administration des biens qu'elles possédaient, mais encore de maintenir la charge qu'il avait prise sur lui d'acquitter leurs dettes.

Dans de pareils arrangemens, on ne voit que des dispositions appropriées aux circonstances. Charger une commission centrale de liquider les dettes des communes, au lieu de laisser cette fonction à chaque commune, comme une première loi l'avait ordonné, ce n'était pas opérer une novation. En effet, les créanciers ne changeaient pas précisément de débiteurs ; ils avaient prêté à des sections du corps social. D'abord on avait cru plus commode qu'ils fussent payés aussi par les administrations locales ; mais la négligence qu'elles y ont mise a déterminé à faire payer les créanciers par l'administration générale. Dans cette dernière position, comme dans la précédente, c'était toujours la corporation nationale qui était débitrice : aucune substitution de personne n'a eu lieu de la part du débiteur.

Il n'était donc pas inconséquent, ni contraire

aux principes, de laisser d'un côté aux communes la jouissance de leurs biens; et de l'autre, de maintenir le paiement de leurs dettes à la charge du trésor public. C'est comme si on avait pris, dans ce trésor, de quoi aider chacune des communes à payer leurs dettes. Ces sections de l'État sont censées avoir recouru à l'autorité, pour leur procurer des ressources.

Tout ce qui a été réglé à cet égard, était donc dans l'intérêt du trésor national. La déchéance prononcée contre les créanciers de l'État a dû, par conséquent, frapper les créanciers des communes, car elles font partie de l'État. En rendant aux communes la jouissance de leurs biens, on a pu les dispenser d'acquitter leurs anciennes dettes, et décider que leurs créanciers continueraient à se faire liquider par l'administration générale, au lieu de les renvoyer devant les administrations locales.

Quelle différence, si l'on considère ce qui s'est passé à raison de l'émigration! Ceux qui avaient déserté le sol national, étaient alors regardés comme des ennemis. On a prononcé contre eux la peine du bannissement à perpétuité, emportant la mort civile et la confiscation. Il ne s'agissait pas de changer le mode d'administrer des objets déjà consacrés à un service public, comme lorsque les biens des communes ont été confiés aux administrateurs des domaines nationaux. L'État, par la confiscation, acquérait de nouveaux biens, sur lesquels il n'avait antérieurement aucun droit de propriété ou d'administration. On croyait avoir des coupables à punir, et des indemnités à leur faire payer au profit de l'État.

La réunion de leurs biens au domaine public était donc ordonnée dans une intention, à un titre et avec des effets bien autres que quand on a changé la première destination des biens des communes. Les Émigrés ont été privés de propriétés qui leur étaient personnelles et qui ont augmenté la propriété publique, tandis que l'on voulait uniquement débarrasser les communes des biens qui composaient déjà l'actif national.

Par la réintégration des Émigrés, le domaine de l'État s'est trouvé diminué de tout ce qu'il leur rendait : d'où il suit qu'il n'a pas dû rester chargé de leurs dettes; au contraire, en laissant aux communes la jouissance des biens dont on avait voulu disposer autrement, le domaine ne s'est pas appauvri, puisque ces mêmes biens n'ont pas cessé de faire partie des ressources de la nation. Il en est résulté seulement que l'administration des biens communaux est restée locale, au lieu d'être comprise dans l'administration générale, comme on en avait eu le projet qui n'a pas réussi ; alors une partie des dépenses sociales a recommencé à être affectée sur des biens spéciaux, qu'on avait essayé de réunir aux biens destinés à des dépenses générales. En abandonnant ainsi l'administration d'une partie de l'actif national aux communes, sans se dispenser de payer leurs dettes, l'État n'a point augmenté son passif. Il s'en est seulement trouvé une plus grande portion à liquider par l'administration générale, et d'autant moins par les administrations locales.

En un mot, en réglant ce qui concernait les communes, la législation agissait autant dans leur intérêt que dans celui de l'État, puisque les deux intérêts se confondent, comme une partie se confond dans le tout. Au contraire, les lois sur l'émigration n'ont été rendues que dans le seul intérêt de l'État, qui était en opposition avec celui des Émigrés, soit quand elles prononçaient des peines contre eux, soit même lorsqu'elles ont bien voulu adoucir leur sort.

Il est donc impossible de trouver la moindre analogie entre la législation relative aux communes et celle concernant les Émigrés. Aucun argument ne peut être tiré de l'une pour interpréter l'autre. Les principes qui ont dicté les mesures prises envers les communes, n'ont rien qui ressemble à ceux d'après lesquels des peines

13..

ont d'abord été portées contre les Émigrés, et ensuite une grâce leur a été accordée. Les communes n'ont jamais été soumises qu'au droit public, le seul qui puisse régir le corps social et ses sections. Les Émigrés, avant leur condamnation, étaient assujettis, pour leurs affaires personnelles, au droit privé. Ils n'ont pu être soumis qu'à ce même droit, en rentrant dans leurs biens. De-là toutes les différences qu'il y a dans les effets de la réintégration des Émigrés, et dans ceux de l'autorisation qu'ont reçue les communes pour reprendre l'administration de leurs biens.

Ainsi laissons de côté tout ce qui a été décidé relativement aux communes, puisqu'il n'en peut rien résulter pour ce qui concerne les Émigrés. Qu'on ne vienne pas nous opposer l'injustice qu'éprouvent les créanciers des communes, et soutenir que ceux des Émigrés ne doivent pas être traités plus favorablement ; les uns et les autres ne sont pas dans la même cathégorie. D'ailleurs, s'il était vrai que l'État, par des motifs d'ordre public, ait été injuste envers ceux qui avaient prêté aux communes, est-ce une raison pour que cette prétendue injustice s'étende au-delà de limites qu'elle doit avoir? Sous le prétexte du tort fait à quelques individus, est-il juste, est-il noble, délicat, de vouloir attirer le même malheur sur un bien plus grand nombre d'autres, qui ne se trouvent nullement dans les mêmes circonstances, et dont les titres ne sont pas réglés par les mêmes lois?

En terminant ce paragraphe, nous nous permettrons une digression qui pourra être utile.

Les ci-devant seigneurs prétendent avoir la propriété des terres vaines et vagues, situées dans l'étendue de leurs seigneuries. Les lois qui ont aboli le régime féodal ont nécessairement autorisé les communes à jouir de ces mêmes terrains. En vertu de la loi du 5 décembre 1814, les immeubles qui étaient encore dans le domaine de l'État, ayant été rendus à leurs anciens propriétaires, ceux-ci réclament les terres vaines et vagues, comme faisant partie de ce qui leur avait appartenu : sont-ils fondés dans leur prétention?

Il faut distinguer si la commune possède encore les terres vaines et vagues, ou si elles ont été aliénées, soit par vente, soit par un partage entre les habitans.

Dans le premier cas, il n'est pas douteux que les anciens propriétaires peuvent prétendre à rentrer dans la possession des terres vaines et vagues qui leur avaient appartenu; car les communes n'étant que des sections du corps national, elles n'ont possédé qu'au nom de l'État, et tout immeuble dont l'État était en possession, en 1814, doit être rendu.

Nous ne disons pas, il faut bien le remarquer, que les ci-devant seigneurs doivent rentrer dans les terres vaines et vagues qu'ils réclament; mais seulement, qu'ils sont recevables à former leur demande. Elle est entièrement de la compétence des tribunaux, qui auront à examiner la prétention, comme si elle était élevée par un ci-devant seigneur qui n'aurait pas subi la mort civile pour cause d'émigration. La question de propriété serait alors jugée d'après les lois du 13 avril 1791, du 28 août 1792, et du 10 juin 1793. Ces lois indiquent les cas où les terres vaines et vagues sont réputées appartenir aux communes, et ceux où les ci-devant seigneurs doivent en être regardés comme propriétaires.

Ainsi, la réintégration dans leurs anciens immeubles, en vertu de la loi du 5 décembre 1814, ne rend pas les ci-devant seigneurs propriétaires de plein droit des terres vaines et vagues, dont les communes sont en possession; elle leur accorde uniquement la faculté de faire valoir les droits qu'ils prétendent avoir sur ces sortes de biens, sauf à justifier leur prétention devant l'autorité judiciaire, d'après ce que prescrivent les lois de la matière.

Le second cas est bien différent : si les terres

vaines et vagues dont les communes ont été mises en possession, après la confiscation prononcée contre leurs ci-devant seigneurs Émigrés, ont été vendues ou partagées entre les habitans, en vertu des lois de la révolution, il est évident que la réintégration opérée en faveur des anciens propriétaires, par la loi du 5 décembre 1814, ne permet pas la moindre réclamation de la part de ces derniers. Cette loi, en effet, ne rend que les immeubles qui étaient encore dans le domaine de l'État. Or, les terres vaines et vagues, soit partagées, soit aliénées par les communes, ou l'administration générale, ne se trouvaient plus dans le domaine public, lorsque la loi de Restauration a été promulguée. Leur aliénation a été maintenue par l'art. 1er de cette même loi, conformément à la Charte constitutionnelle.

En vain un ci-devant seigneur Émigré dirait-il qu'il n'entend pas réclamer ce qui a été vendu, mais seulement ce qui a été partagé entre les habitans. Les partages de cette nature sont de véritables aliénations; et, si elles ont été faites en vertu des lois qui les autorisaient, il n'est pas plus possible de les attaquer, que les ventes consenties administrativement.

En effet, les terres partagées ont cessé d'appartenir aux communes, d'être possédées par la corporation municipale, et pour l'utilité générale des membres de cette corporation. La portion attribuée à chaque habitant est devenue sa propriété incontestable, dont il a employé les produits à ses besoins personnels, et dont il a pu disposer comme de son propre patrimoine, à compter du jour où le partage l'a mis en possession. Chacun des habitans a eu des droits acquis sur les biens, qui, ainsi divisés, ont cessé d'appartenir à l'État; par conséquent, ils n'ont pas pu être comptés parmi ceux que rendait la loi de 1814; les droits acquis à chacun des copartageans leur ont, au contraire, été conservés par l'art. 1er de cette loi.

Il suit de-là, que les ci-devant seigneurs ne peuvent pas être écoutés à revendiquer aucune des portions de biens partagés entre les habitans de leur commune; s'il s'élève des réclamations à ce sujet, c'est à l'autorité administrative qu'il appartient d'en connaître, et qui doit les rejeter. Il n'y a pas même à examiner si les réclamans étaient ou non légitimes propriétaires des terres vaines et vagues. Pourquoi? C'est qu'en supposant qu'avant leur émigration ils eussent titres en règle pour justifier leur droit, ils n'en seraient pas moins forcés de subir la perte qu'éprouve tout Émigré qui ne peut rien prétendre de ses anciens immeubles, déjà aliénés à l'époque de sa réintégration.

Une pétition a été adressée à la Chambre des Députés, par un particulier, contre qui des portions de biens communaux qu'il avait défrichés, étaient revendiquées par le ci-devant seigneur. Celui-ci n'attaquait pas un partage fait entre les habitans.

La Chambre a passé à l'ordre du jour, attendu que l'affaire était de la compétence des tribunaux. Nous n'en doutons pas; s'il se fût agi d'une réclamation dont l'autorité administrative eût dû connaître, et qu'elle eût refusé de rendre justice au pétitionnaire, la Chambre aurait pris sa plainte en considération.

§ VIII.

Des dettes dont les créanciers et les débiteurs sont également des Émigrés.

Parmi les Français qui ont abandonné le sol national, lors des événemens de la révolution, il s'en est trouvé qui étaient créanciers ou débiteurs de ceux qui avaient pris le même parti. Les uns et les autres ont également été atteints de la mort civile et de la confiscation. Aujourd'hui que tous sont réintégrés, on demande si les Émigrés créanciers sont fondés à réclamer le paiement de ce qui leur était dû par des Émigrés comme eux.

On se doute bien que les débiteurs récalcitrans ne veulent pas plus reconnaître ceux de leurs créanciers qui ont subi le sort de l'émigration, que ceux qui n'ont pas quitté la patrie. Le desir de garder tout ce qui leur est rendu, les domine à un tel point, qu'ils ne sont accessibles à aucun autre sentiment. Ils ont même si peu de pitié pour leurs compagnons d'infortune, que dans le cas où ils ne réussiraient pas à se débarrasser de leurs autres créanciers, ils disent qu'au moins ils n'ont pas à payer ceux qui ont partagé avec eux les malheurs de l'émigration.

Le prétexte est que les biens des deux parties ayant été confisqués, l'État, pendant le temps qu'a duré la mort civile de l'une et de l'autre, a réuni la qualité de créancier et de débiteur. De-là, ils concluent qu'il s'est opéré une confusion qui a éteint la dette, et qu'il est impossible de la faire revivre après la réintégration de l'ancien créancier et de l'ancien débiteur.

Pour que la confusion éteigne une dette, il faut que celui, dans les mains de qui elle s'opère, ait été antérieurement ou le créancier, ou le débiteur personnel de la partie dont il réunit les droits actifs et passifs ; en d'autres termes, il faut qu'il ait succédé, non pas aux biens seulement, mais à la personne dont il était déjà ou le créancier ou le débiteur.

Le cas le plus fréquent de la confusion arrive lorsqu'on est héritier de celui dont on était ou le créancier ou le débiteur; car l'héritier succède à la personne comme aux biens du défunt dont il est censé continuer l'existence. Il y a alors confusion des deux qualités de créancier et de débiteur dans la même personne; par conséquent, il y a extinction de la dette, parce qu'on n'est point le créancier ou le débiteur de soi-même.

Il est si nécessaire, pour opérer la confusion, de succéder à la personne dont on était ou créancier ou débiteur, qu'elle n'a pas lieu quand une succession est acceptée sous bénéfice d'inventaire, quoique l'héritier se trouve soit créancier, soit débiteur du défunt. Pourquoi? C'est que l'héritier bénéficiaire ne succède pas à la personne, mais seulement aux biens du défunt, à la charge de les employer à l'acquittement des dettes de la succession. C'est pourquoi, si cet héritier est créancier, il ne sera payé que suivant le rang déterminé par son titre; comme, s'il est débiteur, il sera tenu de comprendre sa dette parmi les créances de la succession dans son compte de bénéfice d'inventaire.

Ces principes sont incontestables. Pothier,

dans son Traité des Obligations, partie 3, chap. V, en parlant de la confusion, dit qu'elle s'opère : « lorsque le créancier devient héritier de son débiteur ; *aut vice versá*, lorsque le débiteur devient héritier de son créancier. » La raison qu'en donne l'auteur, est que « l'héritier débiteur de la dette dont il est de son chef créancier, devient en sa qualité d'héritier, créancier de la même dette dont il est de son chef le débiteur. »

Le même jurisconsulte ajoute que l'acceptation d'une succession sous bénéfice d'inventaire ne produit aucune confusion, parce que l'effet du bénéfice d'inventaire est, « que l'héritier bénéficiaire et la succession sont regardés comme deux personnes différentes, et que leurs droits respectifs ne se confondent pas. »

Domat enseigne la même doctrine en ses Lois civiles, première partie, livre 1er, titre 1er, section VI, n° 17 ; et au livre 4, titre 1, section II, n° 15 ; enfin dans la seconde partie, livre 1er, titre 11, section III, n° 3.

S'il est constant qu'il faut succéder à la personne, et non pas seulement aux biens de son créancier ou de son débiteur, pour qu'il s'opère confusion, il est évident que la confiscation des biens d'un condamné ne peut pas éteindre sa dette envers l'État, parce qu'il n'y a pas confusion. Le confiscataire en effet, comme on l'a démontré, ne succède pas à la personne, mais seulement aux biens; il est dans le cas de l'héritier sous bénéfice d'inventaire; c'est pourquoi, en s'emparant des biens confisqués, il n'est tenu des dettes que jusqu'à concurrence des valeurs dont il profite. S'il est créancier du condamné, il est payé sur les biens de ce dernier, dans l'ordre fixé par le titre de la créance. Si au contraire l'État est débiteur du condamné, la dette entrera dans la masse de l'actif, quand il faudra rendre compte pour prouver que les biens confisqués ont été absorbés par les créanciers qu'on a payés.

On oppose l'article 17 du sénatus-consulte du 6 floréal an X, qui, de la remise faite aux Émigrés amnistiés, excepte les créances que ceux-ci avaient sur le trésor public, et dont, est-il dit, l'extinction s'est opérée par la confusion.

Nous répondons que cette disposition est spéciale. Elle a créé une espèce de confusion qui n'existe pas dans le droit commun. La puissance qui accordait l'amnistie aux Émigrés, a pu imposer des conditions à une grâce qui émanait de sa pure bienveillance. Elle a compris les créances dues par l'État aux Émigrés, parmi les objets que l'État garderait pour l'indemnité à laquelle il les obligeait, comme condition de leur retour.

Il suit de-là, que cette confusion établie par le sénatus-consulte d'amnistie, étant exhorbitante du droit commun, et prononcée par une loi du droit public pour cause d'indemnités due à l'État, ne doit pas étendre ses effets au-delà du cas qui a été spécialement désigné. On ne peut donc l'appliquer qu'aux créances qui appartenaient aux Émigrés sur l'État, puisque ces sortes de créances sont les seules que le sénatus-consulte avait déclarées éteintes par la confusion.

Ainsi les créances d'un Émigré sur un autre Émigré ne sont pas comprises dans l'exception ; la loi politique n'a disposé que dans l'intérêt de l'État : elle n'a rien voulu déranger aux relations, soit actives, soit passives, qu'elle rétablissait entre des particuliers soumis au seul droit privé. Dès lors, les Émigrés réintégrés ont repris la jouissance de tous leurs droits actifs, à l'exception seulement des droits qu'ils avaient contre l'État. Ils ont donc pu attaquer tous leurs débiteurs, même ceux qui, comme eux, avaient perdu et recouvré la vie civile. C'est ce que les tribunaux ont constamment jugé. Nous ne citerons que l'espèce rapportée dans le *Répertoire universel de Jurisprudence*, au mot *Confusion*, § V.

Il était dû, par MM. de Ludres, deux rentes

constituées au profit de M. et madame d'Hofflise, lorsque les uns et les autres, tant créanciers que débiteurs, quittèrent le territoire français, en 1792. Tous profitèrent de l'amnistie accordée par le sénatus-consulte de l'an X. MM. de Ludres ayant aliéné une des terres qui leur avaient été rendues, M. et madame d'Hofflise se présentèrent à l'ordre ouvert pour la distribution du prix de cette terre.

MM. de Ludres contestèrent la validité de l'inscription, en ce que les droits des créanciers et des débiteurs des rentes dont il s'agit, avaient passé dans le domaine de la république, lors de la confiscation des biens des uns et des autres. On prétendait que, par cette réunion des deux qualités de créanciers et de débiteurs dans les mêmes mains, il s'était opéré une confusion qui avait éteint la dette.

Un jugement, rendu par le tribunal de Vic, avait déclaré l'inscription nulle. Sur l'appel, la Cour de Nanci, au contraire, l'a maintenue valable. Son motif était que l'article 17 du sénatus-consulte de l'an X n'a établi la confusion que dans l'intérêt de l'État, et non à l'égard des Émigrés entre eux.

Cet arrêt a été dénoncé à la Cour de Cassation, qui n'a pas hésité à rejeter le pourvoi, par arrêt de la section civile, le 5 ventose an XIII, « at-

» tendu que la confusion prononcée par le séna-
» tus-consulte du 6 floréal an X, ne peut avoir
» lieu que dans l'intérêt de la république. »

L'auteur du recueil cité dit que telle est aussi, sur l'espèce de confusion dont il s'agit, la jurisprudence constante du Conseil d'État. Dans la foule des décrets impériaux qui l'ont établie, ce sont ses expressions : il rapporte seulement celui du 15 avril 1806, rendu en faveur de madame Puyguyon de Surgères, émigrée amnistiée et créancière des héritiers Servanteau Lechasserie, représentant le débiteur qui avait été aussi amnistié. Les arrêtés du Préfet de la Vendée ont été annulés, « en ce qu'ils ont déclaré éteinte par » confusion une créance qui, au moyen de l'am- » nistie de la créancière et du débiteur, ne se » trouve plus à la charge du Gouvernement. » Cet arrêté étant nul, madame Puyguyon de Surgères a été autorisée à exercer sa créance contre les héritiers Servanteau Lechasserie.

Ceux qui voudraient profiter, pour leur intérêt privé, d'une confiscation qui n'a été extraordinairement établie que dans l'intérêt de l'État, ne disconviennent pas que les actes du Gouvernement et la jurisprudence n'ayent constamment restreint la disposition du sénatus-consulte de l'an X, au seul cas qu'il a spécialement indiqué. Mais cette interprétation de la loi, disent-ils, *est entièrement arbitraire et contraire aux véritables principes.* Quelle injustice! Les dettes de l'État envers les Émigrés sont déclarées éteintes par la confusion, et on fait revivre les dettes des Émigrés sur d'autres Émigrés! La loi doit être invariable; et on lui fait décider, tantôt que la confusion a éteint les dettes, et tantôt qu'elle les a laissées subsister.

Non, jamais on n'a varié : les principes généraux ne permettaient pas la confusion des dettes actives ou passives des Émigrés dans les mains de l'État. Le sénatus-consulte de l'an X, en accordant l'amnistie, a établi, pour condition, que les dettes de l'État envers les amnistiés seraient éteintes par suite de la confiscation de leurs biens. C'était une sorte de confusion particulière, créée seulement au profit de l'État, à titre d'indemnité. Il était impossible d'étendre au-delà du cas prévu cette disposition qui n'avait évidemment en vue que l'intérêt du fisc. Toute loi d'exception doit être rigoureusement restreinte dans les limites qu'elle a tracées. Où est donc la contradiction dans les décisions rapportées? Elles déclarent que la confusion prononcée par le sénatus-consulte de l'an X, n'a eu lieu que dans l'intérêt de l'État, et que, par conséquent, elle ne s'applique nullement aux dettes des Émigrés envers d'autres Émigrés.

Si vous ne trouvez pas, nous dit-on, que cette manière d'interpréter la loi ne lui fait pas décider deux choses contradictoires, vous conviendrez, au moins, qu'elle est bien opposée à deux arrêts de la Cour de cassation : l'un du 13 mai 1807, dans l'affaire de M. Leclerc de Juigné contre madame de la Gocherie ; et l'autre, le 24 mai 1808, dans l'affaire de M. de Brissac contre M. d'Aligre. Ces deux arrêts ont décidé « que, d'après les » lois de la matière, la confusion, jusqu'au mo- » ment où a cessé la main-mise de l'État, s'est » opérée sur les arrérages ou intérêts dus par un » Émigré à un autre Émigré, tous les deux re- » présentés par la république. » Ce qui est vrai pour les intérêts d'une créance, peut-il ne l'être pas pour le capital? Comment comprendre que la confusion aurait éteint la dette pour l'acces- soire, et l'aurait laissée subsister pour le princi- pal?

Ce qu'il y aurait d'incompréhensible pour nous, c'est qu'on eût jugé que le principal de chaque créance avait cessé d'être dû. Il ne s'agissait, en effet, que des intérêts échus pendant que le do- maine jouissait de la créance. Est-il donc éton- nant que les produits annuels de cette créance lui appartinssent, et que, pourtant, en rendant ensuite le capital aux anciens propriétaires, ceux- ci n'aient eu aucun droit aux intérêts échus avant leur rentrée en jouissance? La législation présente plusieurs cas où, soit les intérêts d'une créance, soit les arrérages d'une rente, suivent des règles différentes que le principal. Il en a été pour les intérêts des créances appartenant aux Émigrés, comme des fruits provenans de leurs immeubles; l'État les a perçus jusqu'au jour de la remise des biens, et il n'en a point tenu compte. Pourquoi? c'est que le sénatus-consulte de l'an X rend les biens « *sans restitution des* » *fruits* qui, dit-il, doivent appartenir à la répu- » blique jusqu'au jour de la délivrance qui sera » faite aux Émigrés, de leur certificat d'am- » nistie. »

Voilà pourquoi la Cour de cassation et les actes du Gouvernement ont déclaré que les créances des Émigrés sur d'autres Émigrés, n'ont pas été éteintes, quoique les arrérages ou intérêts en aient été acquis à l'État pendant la durée de sa possession. Où est donc la contradiction? Des décisions contraires n'eussent-elles pas été en contravention avec la loi d'amnistie?

Au reste, nous réplique-t-on, les arrêts de cassation et les décrets impériaux dont il s'agit, sont antérieurs à la loi du 5 décembre 1814. On ne peut pas raisonner depuis cette loi toute bienfaisante pour les Émigrés, comme on le faisait

14..

à une époque où ils étaient traités en coupables amnistiés.

Faut-il donc toujours le répéter? la loi de 1814 a formellement maintenu les effets produits pour le passé, par la législation et la jurisprudence antérieure concernant les Émigrés. Un de ces effets maintenus, on l'a démontré, est que les dettes éteintes par le sénatus-consulte de l'an X, ne l'ont été que dans l'intérêt de l'État, sans rien statuer dans l'intérêt des particuliers. Ceux-ci ont donc conservé tous leurs droits; et comme la loi de 1814, quelque bienfaisante qu'elle soit, a formellement reconnu les droits acquis en vertu de la législation antérieure, on ne peut pas dire que cette loi ne permet plus l'application des principes établis par les lois précédentes. Ainsi, la confusion n'a rien opéré entre des Émigrés dont les uns étaient créanciers et les autres débiteurs.

ARTICLE IV.

Des dettes contractées par les Émigrés, pendant l'émigration.

Les principes qui règlent les conventions faites par ceux que la mort civile a frappés, sont si connus, si peu contestés, que si on se détermine à les rappeler ici, c'est pour démontrer de plus en plus que les dettes personnelles des Émigrés n'ont jamais été éteintes.

Les Émigrés qui n'ont été réintégrés que par forme de grâce, c'est-à-dire depuis la loi du 12 ventose an VIII, avaient cessé d'être citoyens français, et n'ont recouvré cette qualité qu'à compter du jour où leurs noms ont été effacés des listes départementales. Ils ont bien repris tous les droits qui leur appartenaient avant leur inscription sur ces mêmes listes, à l'exception de ce qui a été expressément réservé au profit de l'État. Mais tant que cette inscription a subsisté, la mort civile avait produit contre eux des effets qui n'ont pas été détruits, et qu'au contraire la Charte constitutionnelle, l'ordonnance royale du 21 août 1814, et la loi du 5 décembre suivant ont formellement maintenus.

Cette vérité, comme on l'a vu plus haut , ne peut pas être raisonnablement révoquée en doute; mais pendant l'interdiction où la mort civile mettait les Émigrés , ont-ils pu valablement faire des conventions , contracter des dettes ? et aujourd'hui peut-on exiger d'eux l'exécution des engagemens qu'ils ont contractés pendant leur émigration ?

Les Émigrés n'avaient perdu que la jouissance des droits civils; ils avaient conservé l'exercice des droits qu'ils tenaient de la nature. Ils ont donc pu, pendant leur exil , contracter tous les engagemens qui ne sont que du droit naturel et des gens. On ne nous contestera pas que les condamnés à une peine emportant la mort civile, sont capables d'acheter , louer, emprunter et en général de faire tous les actes qui sont exclusivement du droit naturel. Nous ne rappellerons pas les preuves que nous avons données de ce principe, dans l'article III, principe qui est attesté par les lois romaines, ainsi que par la jurisprudence française de tous les temps.

On sent bien que, pendant qu'a duré l'éloignement des Émigrés, il n'était pas possible en France, où ils ne possédaient plus rien , où ils n'avaient plus de domicile, d'exercer contre eux des poursuites, pour avoir paiement des dettes par eux contractées depuis leur condamnation. On ne pouvait pas non plus s'adresser à l'État, qui, en qualité de confiscataire, n'était tenu que des dettes antérieures à la confiscation. Cependant, les conventions que les Émigrés étaient capables de faire, suivant le droit naturel, ont pu les rendre valablement débiteurs, soit envers des étrangers, soit envers des Français. On demande comment cette classe de créanciers doit s'y prendre pour se faire payer.

Les titres qu'on a contre les Émigrés sont, ou des actes sous signature privée, ou des actes passés devant des officiers publics, ou des jugemens obtenus contre eux.

Dans le premier cas, la seule voie à suivre, après avoir régularisé le titre par la formalité de l'enregistrement, est de former une demande en justice. La preuve de la dette résultera de l'obligation; qu'elle ait été souscrite en pays étranger, ou en France, peu importe; qu'elle soit au profit d'un Français ou d'un étranger, c'est encore indifférent; dès que le débiteur, au moment où on le poursuit, est justiciable du tribunal devant lequel il est traduit, son engagement y sera valablement apprécié, sans égard à la mort civile qui frappait le débiteur à l'époque où cet

engagement a été signé; car l'incapacité ne s'é-
tendait pas aux contrats du droit naturel.

On procédera de même, s'il s'agit d'un acte
passé devant un officier public étranger, parce
qu'un pareil acte n'a pas plus de force en France
qu'un acte sous seing-privé; l'un et l'autre ne
peuvent servir qu'à prouver en justice l'engagement souscrit; nos lois anciennes et modernes,
n'accordent l'exécution sans jugement préalable,
qu'aux actes authentiques reçus par des officiers
publics français.

Le titre est-il un acte authentique passé en
France, ou un jugement prononcé par les tribunaux français? Il n'y a pas besoin de former
de demande en justice; l'exécution pourra en
être suivie par les voies que le Code de procédure civile autorise, sans que l'époque de l'acte
fasse obstacle, puisque, dans l'hypothèse, il s'agit
d'un contrat du pur droit naturel.

Le cas d'une obligation authentique passée en
France n'est pas une vaine supposition; on a
vu des Émigrés séjourner sur le territoire national, soit avec permission pour solliciter leur
radiation, soit même sans autorisation, quelque
danger qu'il y eût pour eux; ils pouvaient d'ailleurs charger quelqu'un de leur procuration,
pour contracter d'après le pur droit naturel. Il a
donc pu être passé devant notaires en France,

des actes authentiques par des Émigrés, tels que ventes, achats, baux, emprunts, et autres qui n'exigent pas la vie civile pour être obligatoires.

Le cas de jugemens français obtenus contre des Émigrés, ne serait pas non plus impossible, s'il s'était agi de conventions du droit naturel faites avec des Français pendant l'émigration. En effet, l'État ne s'est chargé d'acquitter que les dettes dont les biens confisqués étaient déjà le gage. La défense de traduire en justice les Émigrés, n'a donc pu s'appliquer qu'aux demandes concernant les dettes contractées avant la confiscation. Les dettes créées postérieurement, ont pu donner matière à poursuite, puisque, pour des engagemens du droit naturel, il y a lieu de procéder contre des condamnés à la mort civile, sauf que, depuis la promulgation de l'article 25 du Code civil, on commence par leur faire nommer un curateur qui les représente en justice.

Que doit-on faire si le titre est un jugement rendu en pays étranger ? L'article 546 du Code de procédure veut que les jugemens rendus par les tribunaux étrangers, ne soient exécutoires que dans les cas prévus par l'article 2123 du Code civil. Cet article n'accorde hypothèque aux jugemens étrangers que quand ils ont été déclarés exécutoires par un tribunal français. Il n'y a d'exception à ces dispositions, ajoute le même Code, que dans les cas qui peuvent être déterminés par les lois politiques ou par les traités.

L'ordonnance de 1629, article 121, portait une disposition semblable, avec cette différence que, si un jugement étranger condamnait un Français, il fallait que le tribunal de France, à qui on en demandait l'exécution, prît connaissance du fond de l'affaire, et procédât par jugement nouveau. Le Code civil ne s'explique pas à ce sujet ; on agite la question de savoir s'il maintient la loi précédente. La jurisprudence de la Cour de cassation s'est constamment décidée pour l'affirmative ; elle a pareillement établi que les Émigrés, ayant perdu la vie civile, n'étaient plus Français, tant qu'ils n'étaient pas réintégrés.

Il suit de là, que l'exécution d'un jugement rendu en pays étranger contre un Émigré avant son retour à la vie civile, ne peut être suivie en France que quand elle a été ordonnée par des juges français. Il n'y a pas à examiner le fond de la contestation ; l'autorisation d'exécuter doit être accordée sur le vu du jugement étranger, s'il est régulier.

Le porteur d'un pareil titre doit donc se présenter au tribunal du domicile de l'Émigré, qui refuse de payer. Ce tribunal autorisera le créancier français ou étranger à prendre les voies d'exécution, sans qu'on puisse avec succès lui opposer que l'Émigré était en état de mort civile quand le jugement a été prononcé; c'est toujours en supposant que l'objet de ce jugement est une convention, qui ne tient sa force que du droit naturel.

Nous croyons qu'il suffit d'exposer les principes sur cette matière, parce qu'ils ne sont nullement contestés, et résultent de ceux que nous avons établis dans l'article III de cet Écrit. Au surplus, si le lecteur est curieux d'avoir des développemens, il les trouvera dans le plaidoyer prononcé par M. le procureur-général Merlin, devant la Cour de cassation, le 8 juillet 1807; le Répertoire universel le transcrit en entier au mot *Mariage*, section III, paragraphe Ier. Ce savant jurisconsulte distingue, avec la sagacité et l'érudition qui le caractérisent, les droits que fait perdre la mort civile, et les droits auxquels elle ne porte aucune atteinte. Il dit positivement que ces derniers sont ceux que règlent les lois de la nature, telle que la faculté de figurer comme partie dans une vente, un bail, un emprunt et dans les autres actes qui, pour leur validité, ne sont assujettis à aucune formalité prescrite par les lois positives.

Ce qu'on vient de dire des conventions par lesquelles les Émigrés ont contracté des obligations pendant la durée de leur mort civile, doit s'appliquer également à celles d'où il est résulté des créances à leur profit. S'ils sont restés capables de prendre des engagemens par des actes du droit naturel, ils l'ont été pareillement de se créer, par des actes de même espèce, des droits actifs, dont ils peuvent poursuivre l'efficacité devant les tribunaux.

La privation où ils étaient de tous droits civils à l'époque du contrat, ne peut pas plus leur être opposée en demandant comme créanciers, qu'ils ne peuvent s'en prévaloir en se défendant comme débiteurs. Ils auront donc à suivre, pour recouvrer ce qui leur est dû en vertu de transactions du droit naturel, passées pendant leur émigration, la même marche que l'on indique à ceux qui, dans le même temps, sont devenus leurs créanciers par des titres semblables.

Ils auront donc aussi à remarquer que, si leurs titres sont des actes sous seing-privé, ou passés devant un fonctionnaire public étranger, ils devront former des demandes en justice; tandis que, s'il s'agit d'actes notariés en France, ou de jugemens rendus par des tribunaux français, ils pourront faire exécuter par voie de saisies.

S'ils ont obtenu des jugemens à l'étranger, contre des étrangers qu'ils trouvent en France, ils obtiendront préalablement du tribunal compétent l'autorisation de suivre l'exécution ; ce qui leur sera accordé en justifiant seulement que le jugement est régulier.

Dans le cas où le jugement aurait été rendu à l'étranger contre un Français, l'autorisation ne sera accordée qu'après examen du fonds de la contestation.

Il n'y aura pas, non plus, à craindre que, ni de part, ni d'autre, on invoque les lois relatives à l'émigration, pour en induire que de pareils engagemens ont été éteints par la novation ou par la perte des biens confisqués ; on ne pourra pas même alléguer la confiscation, si les deux parties avaient également été inscrites sur les listes d'Émigrés. Indépendamment de ce qu'il a été prouvé qu'aucune novation n'a eu lieu, que la confiscation n'a pas détruit les obligations personnelles, et que la confiscation n'a été prononcée que dans l'intérêt de l'État, il est évident que les effets des peines portées contre les Émigrés, n'ont eu aucune influence sur les contrats du droit naturel souscrit, au profit de ceux-ci, pendant le temps de leur bannissement.

Ce qu'on vient de dire concernant les dettes contractées par des Émigrés, pendant la durée de leur mort civile en vertu du droit naturel, confirme de plus en plus les principes que nous avons établis relativement aux engagemens semblables qu'ils avaient pris avant leur sortie de France. En effet, si la mort civile n'a pas rendu les Émigrés incapables de contracter selon le droit naturel, comment imaginer qu'elle ait pu les libérer des engagemens de même espèce qu'ils avaient pris, lorsqu'ils jouissaient de tous leurs droits civils? Quoi! elle ne pouvait pas les empêcher de devenir créanciers ou débiteurs, de faire de nouveaux actes indépendans de la qualité de citoyen, et parce que des actes également étrangers à cette même qualité ont été souscrits avant la condamnation, ils seraient annulés! La simple raison repousse une pareille proposition. Dès que la perte de la vie civile n'a pas privé les Émigrés de la faculté de s'obliger par des actes du droit naturel, il est clair qu'elle n'a pas pu détruire les actes du même droit, qu'ils avaient faits avant leur condamnation.

Quand ils ont recouvré la qualité de citoyen ils ont rapporté dans la société nationale, et leurs personnes, et les obligations du droit naturel qui ne les ont pas quittés, et auxquelles l'État n'avait pas satisfait pour eux.

En vain dit-on que le fisc était devenu débiteur de leurs engagemens à leur place, nous avons assez démontré qu'il n'a dû exercer leurs droits actifs et passifs, que comme détenteur de leurs biens et seulement jusqu'à concurrence des valeurs qu'il avait prises. Nous avons tiré de là une conséquence nécessaire, c'est que l'État n'a pas pu représenter à titre d'héritier des individus déclarés incapables de laisser une succession, ni leur être subrogé par novation comme débiteur personnel, puisqu'il ne succédait, en qualité de confiscataire, qu'aux seuls biens et nullement aux personnes.

De ces vérités incontestables, il résulte que le fisc n'a dû posséder que dans son seul intérêt, pour jouir le plus avantageusement de son droit de confiscation, sans qu'il se soit établi aucun rapport de succession ou de subrogation entre lui et les condamnés. La déchéance qui a été prononcée contre les créanciers des Émigrés pendant la durée de la confiscation, n'a donc pu être que dans le seul intérêt de l'État. L'effet de cette déchéance était uniquement de déclarer aux créanciers, qu'ils n'auraient plus à espérer de se faire payer par le fisc après le délai fixé ; mais il n'en résultait rien de profitable aux Émigrés, dont les dettes n'ont pas pu s'éteindre par suite d'une déchéance aux effets de laquelle ils étaient étrangers. On ne peut trop le répéter : la loi de déchéance ne disposait que pour l'État en sa qualité de confiscataire ; elle laissait subsister les rapports du droit naturel entre les créanciers et les débiteurs, puisque la mort civile de ces derniers, n'avait pas détruit leurs liens de cette nature.

Par la même raison, la confusion qui a été établie par le sénatus-consulte du 6 floréal an X, comme une condition de la grâce qu'il accordait, n'aurait pu concerner que les intérêts du fisc, si d'ailleurs cette confusion n'avait pas été limitée aux seules créances qu'avaient les Émigrés sur le trésor public.

ARTICLE V.

Des dettes des Emigrés considérées comme charges réelles.

Tous les biens du débiteur sont en général le gage du créancier; mais il y a des dettes qui sont plus spécialement garanties par ses propriétés, comme lorsque le créancier s'y trouve avoir un privilége ou une hypothèque; on dit alors que les dettes ainsi particulièrement affectées sur des biens, en sont des *charges réelles.*

Dans les deux articles précédens, nous n'avons parlé des dettes des Émigrés que comme charges personnelles, c'est-à-dire sous le seul rapport de l'obligation que la personne du débiteur a contractée.

Maintenant nous considérons les dettes par rapport aux priviléges et hypothèques dont les biens des Émigrés ont pu être grevés, et qui font préférer les créanciers munis de certains titres, à ceux qui n'en ont pas de semblables. On conçoit qu'il s'agit plus ici des intérêts des créanciers que de ceux des débiteurs. Cés derniers, en effet, sont tenus de leurs dettes; tous leurs biens en répondent, tant ceux qui leur ont été rendus, que ceux qu'ils ont pu acquérir; mais, pour les créanciers qui avaient des priviléges ou des hypothèques avant la confiscation, il importe beaucoup de savoir s'ils retrouvent encore leurs droits de préférence, sur les biens qui en étaient anciennement grevés, et dont l'État a fait remise aux débiteurs réintégrés.

Ce n'est pas que les Émigrés ne fussent contens de voir décider que les biens leur ont été rendus affranchis de toutes charges. Ils pourraient, par certains arrangemens, frustrer leurs créanciers antérieurement privilégiés ou hypothécaires, en favorisant d'autres créanciers dont les titres ne seraient pas également garantis. Ce genre d'intérêt, nous aimons à le croire, n'est pas général; aussi les Émigrés récalcitrans n'ont-ils dirigé leurs plus grands efforts, que contre leurs dettes considérées comme charges personnelles. S'ils ont prétendu que leurs biens avaient été dégrevés de toute affectation spéciale, c'était pour en jouir complétement après en avoir recouvré la possession. Ils pensaient qu'en faisant déclarer éteintes leurs obligations personnelles, certainement la garantie réelle qui grevait les biens et qui n'était que l'accessoire des obligations personnelles, ne pourrait pas subsister davantage; d'un autre côté, en essayant de soutenir que les priviléges et hypothèques par eux consentis avaient disparu, ils ont voulu en induire comme conséquence nécessaire, que leurs obligations personnelles étaient éteintes.

Cette induction n'est pas juste, puisque l'accessoire aurait pu disparaître sans que le principal eût été détruit; elle fait voir du moins qu'il est utile d'examiner si en effet les biens confisqués ont été libérés de toutes leurs charges réelles, et si, lorsqu'ils ont été rendus, soit aux anciens propriétaires, soit à leurs héritiers ou ayant-cause, ces mêmes biens se sont trouvés grevés de priviléges et hypothèques, comme avant la confiscation. Ce sera l'objet d'un premier paragraphe.

Dans un second, nous verrons dans quel rang il faut placer les créances acquises contre les Émigrés, avant ou pendant leur mort civile, et celles postérieures à la réintégration.

Dans le troisieme paragraphe, on examinera si, pour les dettes des Émigrés, les intérêts ont couru pendant la durée de leur mort civile.

Le quatrième paragraphe dira si la prescription a couru au profit des Émigrés pendant le temps de leur bannissement.

Un cinquième paragraphe enfin sera consacré à la question de savoir s'il est juste, au moins, de ne faire supporter par les Émigrés qu'une partie de leurs dettes, en proportion de la valeur des biens dont ils ont recouvré la jouissance.

§ Ier.

Les biens confisqués ont-ils été dégrevés de toutes charges réelles ?

Une dette d'Émigré a pu être privilégiée, comme dans le cas suivant : vous aviez vendu 400 arpens de bois dont le prix était payable dans le délai de trois ans. Tant que vous n'avez pas reçu le prix convenu, vous avez conservé un privilége sur les bois vendus. Ils sont restés pendant deux ans dans la possession de l'acquéreur qui avait encore un an pour vous payer ; mais au commencement de la troisième année, il a été inscrit sur la liste des Émigrés. Les bois ainsi grevés par privilége du prix qui vous est dû, ont été confisqués et réunis au domaine de l'État qui s'est chargé de vous payer.

Vous n'avez pas voulu vous mettre en liquidation avec le fisc. Les pertes que le mode de liquidation faisait supporter, vous ont déterminé, au risque de tout perdre, d'attendre des événemens qui feraient rentrer votre débiteur dans son acquisition; votre espoir n'a point été trompé. La loi bienfaisante du 5 décembre 1814 est intervenue; pouvez-vous réclamer le prix des 400 arpens de bois rendus à votre acquéreur qui ne vous les avait pas payés, avant leur confiscation? Nous avons démontré que vous en avez le droit, parce que son obligation personnelle n'a pas été éteinte; mais en qualité de vendeur, pourrez-vous demander la résolution du contrat, si cet acquéreur réintégré n'acquitte pas le prix de la vente? ou bien, si vous agissez par saisie immobilière et qu'il s'ouvre un ordre, y serez-vous colloqué au premier rang, comme privilégié? Au contraire, serez-vous considéré comme n'ayant plus aucun droit de préférence sur le prix à distribuer?

A cet exemple du droit de privilége, on peut en ajouter un qui donnera l'idée d'une simple hypothèque consentie par l'Émigré, avant d'avoir encouru la mort civile.

Un propriétaire avait emprunté une somme

d'argent, avec affectation spéciale d'un de ses immeubles, qui a été confisqué pour cause d'émigration; mais ensuite cet immeuble a été rendu à l'emprunteur après son amnistie. Le prêteur pourra sans doute réclamer le payement de la créance qui n'a point été éteinte, quant à l'obligation personnelle, comme nous l'avons démontré; mais en cas d'expropriation forcée, ou de vente volontaire de l'immeuble rendu au débiteur, le créancier sera-t-il fondé à faire valoir son hypothèque, pour être payé à son rang, sur le prix de l'immeuble adjugé ou vendu volontairement?

Que faudra-t-il décider dans cette autre espèce? Deux maisons contiguës, appartenaient à deux Émigrés; l'une avait un droit de vue sur le jardin de l'autre. Après la confiscation, ces deux maisons ont été réunies pour n'en former qu'une seule qui a été consacrée à un service public; par conséquent la servitude a disparu pendant la jouissance des deux immeubles par le Gouvernement. En vertu de la loi du 5 décembre 1814, les deux maisons ont été rendues aux anciens propriétaires. Elles se sont alors trouvées séparées comme avant la confiscation. La servitude a-t-elle repris son existence? et le propriétaire de l'héritage dominant pourra-t-il user du droit de vue sur le jardin de l'héritage servant?

On pourrait multiplier les exemples de droits réels qui affectaient les biens des Émigrés avant la confiscation. On peut donc demander en général, si les biens confisqués, en rentrant dans les mains des propriétaires primitifs ou de leurs représentans, se sont trouvés affranchis de toutes charges; ou si, au contraire, celles dont ils étaient grevés avant la confiscation, sont retombées sur ces mêmes biens, du moment où ils ont cessé d'appartenir au domaine de l'État.

Dans le système de ceux des Émigrés qui se refusent au payement de leurs anciennes dettes, les biens dans lesquels ils sont rentrés ne se trouveraient affectés d'aucun des droits réels auxquels ils avaient été assujettis avant l'émigration. Ils en auraient été déchargés en passant dans le domaine public; et la remise qui en a été faite aux anciens propriétaires, n'aurait pas pu faire revivre ces charges primitives.

Pour prouver d'abord que les biens confisqués ont été libérés de toute affectation réelle, on cite la loi du 25 juillet 1793; elle ordonne que les biens des Émigrés seront vendus francs et quittes de toutes dettes, rentes et redevances foncières, dons, douaires et hypothèques, parce que la république se charge de les acquitter jusqu'à la concurrence des biens meubles et immeubles de chaque Émigré. On s'appuye aussi du décret du 1ᵉʳ floréal an III, qui déclare créanciers de l'État tous les créanciers des Émigrés.

Ensuite, pour établir l'impossibilité de faire revivre des charges qui se trouvaient éteintes, lorsque les biens ont été rendus aux anciens propriétaires, on soutient que les Émigrés ont été remis en possession de leurs biens à titre de grâce seulement, et non par voie de justice. En faisant un don aux familles des Émigrés, dit-on, la bienfaisance souveraine a rendu les biens entièrement affranchis de toutes espèces de charges, puisque la loi de 1793 les avait toutes éteintes. Pour qu'ils fussent redevenus grevés comme ils l'étaient avant la confiscation, il faudrait qu'une disposition précise, émanée de la puissance législative l'eût ordonné. On n'en trouve aucune d'où l'on puisse inférer ce changement. Le sénatus-consulte de l'an X et la loi de 1814 disent que tous les biens qui ne sont pas exceptés, seront rendus. Il n'est pas ajouté qu'ils reprendront leurs anciennes charges; par conséquent ils ont été remis aux familles tels qu'ils étaient dans le domaine de l'État, c'est-à-dire sans aucune affectation réelle.

On ajoute au surplus, que les dettes personnelles ayant été éteintes par la novation, quand l'État s'est déclaré débiteur envers les créanciers des Émigrés, les priviléges et hypothèques dont les biens confisqués étaient grevés, ont nécessairement disparu. Ces sortes de charges ne sont que des accessoires, des garanties qui ne peuvent plus subsister, quand l'obligation principale n'a plus d'existence.

Enfin, dans le cas où l'on admettrait que les Émigrés n'auraient pas été libérés de leurs engagemens personnels, par l'effet de la confiscation, il est du moins certain que leurs créanciers sont tombés en déchéance à l'égard de l'État; qui s'était chargé d'acquitter toutes les dettes, d'où l'on se croit fondé à conclure que les Émigrés, ayant remplacé l'État dans la possession de leurs anciennes propriétés, ils doivent profiter de cette déchéance.

Ainsi, les argumens employés pour soutenir que les biens confisqués ont été libérés de toutes charges réelles, sont absolument les mêmes que ceux sur lesquels on se fonde pour prétendre que les obligations personnelles des Émigrés ont été éteintes. Nous renvoyons donc à ce que nous avons dit aux articles précédens, pour démontrer que les dettes des Émigrés n'ont été éteintes, ni par la mort civile, ni par la novation, ni par la perte des biens à cause de la confiscation, ni par la déchéance, ni même par confusion, en ce qui regarde les dettes d'Émigrés envers d'autres Émigrés.

Dès que l'obligation principale n'a pas cessé de grever personnellement le débiteur condamné pour raison d'émigration, assurément on ne peut pas invoquer l'extinction de cette obligation, comme cause destructive des obligations accessoires, tels que sont les priviléges et hypothèques, ou autres droits réels reposant sur les biens confisqués.

Comment donc, nous dit-on, expliquer que les droits réels ont continué de subsister après la loi du 25 juillet 1793, qui a ordonné de vendre les biens francs et quittes de toutes charges? Rien de plus facile. Cette loi a voulu que, du moment où ils passaient dans les mains des acquéreurs, les domaines nationaux fussent affranchis de toutes dettes antérieures; mais elle n'a pas entendu que les biens non vendus éprouvassent la même libération. En effet, qu'on lise bien la loi citée, elle ne parle que des biens qui seront aliénés; eux seuls sont déclarés dégrevés de toutes charges dans les mains des acquéreurs. Rien de semblable n'est prononcé concernant les biens qui resteraient unis au domaine de l'État. Une disposition aussi spéciale, aussi contraire au droit commun que celle de l'affranchissement des charges, par le seul fait de l'aliénation, ne peut pas s'étendre au-delà du seul cas prévu.

Aussi, ne prétendons-nous pas que les biens nationaux qui ont été vendus, soient restés grevés des anciennes dettes des Émigrés à qui ils avaient appartenu. Il est de toute évidence que les acquéreurs possèdent les objets de leurs adjudications, francs et quittes de toutes espèces de charges antérieures à leur jouissance. Si donc nous disons que les dettes non éteintes des Émigrés ont continué d'affecter les biens confisqués, nous entendons seulement les biens non compris dans la loi du 25 juillet 1793, c'est-à-dire les biens qui, n'ayant pas été aliénés, ont été rendus aux anciens propriétaires.

On oppose une autre difficulté, tirée de ce que jamais le fisc ne donne ni privilége ni hypothèque, pour les dettes dont il est chargé. On s'appuie des lois romaines qui, en cette matière, ont toujours été suivies en France.

Il faut en convenir, l'État n'est pas dans l'usage de fournir des garanties immobilières pour ses obligations; mais on en voit la raison dans l'une de ces mêmes lois romaines; c'est que le fisc est toujours réputé solvable : *Quamvis semper idoneus successor sit, et solvendo.* L. 2, § 1, au Digeste *de Fundo dotali.*

Lors donc que le fisc acquiert, par la confiscation, des biens grevés de charges réelles, on ne peut pas dire qu'elles s'éteignent, par cela seul que l'État n'est pas sujet à donner des garanties. Celles qui grèvent les biens confisqués n'en produisent pas moins leur effet ; les créanciers conservent le droit d'être payés par le Gouvernement, selon l'ordre de leurs priviléges et hypothèques.

Pour s'en convaincre, il suffit de se rappeler qu'une des conditions de la confiscation est d'acquitter les dettes du condamné, jusqu'à concurrence de la valeur des biens confisqués ; si donc il ne s'y trouve que de quoi remplir la moitié des charges, l'autre moitié sera perdue pour les créanciers. Croit-on que, dans ce cas, le fisc, quoiqu'il ne donne pas de garantie, parce qu'il est toujours réputé solvable, soit le maître de payer ceux des créanciers qu'il lui plaît de préférer? Non, certainement. Entre ceux qui se présentent, il doit observer le rang indiqué pour chacun, par les titres produits. La liquidation qu'il opère est soumise aux mêmes règles que l'on suit dans un ordre ouvert devant un tribunal. Pourquoi les créanciers perdraient-ils leurs droits de préférence, lorsqu'au lieu d'être payés par l'autorité judiciaire, ils le sont par l'autorité administrative? Le seul intérêt du fisc est de justifier qu'il a employé les biens à l'acquittement des dettes. Il n'a point acquis, par la confiscation, le droit de distribuer arbitrairement la valeur des objets dont il s'est emparé.

Ainsi, de ce que l'État, toujours réputé solvable, n'est pas tenu de donner garantie de ses engagemens, il ne faut pas en conclure que les biens qu'il recueille par déshérence, ou, ce qui est la même chose, par confiscation, cessent d'être affectés spécialement. Les priviléges et hypothèques dont ils sont grevés ne sont pas anéantis, par la seule raison que les biens sont passés dans le domaine de l'État; par conséquent, lorsque les précédens propriétaires sont réintégrés, ils reprennent leurs biens tels que le fisc les a reçus, c'est-à-dire avec les charges qui ont continué de subsister, puisque le changement de possession ne les a pas libérés.

Quoi! la confiscation et les lois qui en ont réglé les effets n'auraient profité qu'à l'État, et nullement aux Émigrés, dont il était le représentant? Oui, sans doute; c'est ce qu'on voit par tous les actes du Gouvernement, par toutes les décisions administratives et judiciaires. En toutes occasions, il a été proclamé que, si l'État a représenté les Émigrés, c'était dans son seul intérêt et jamais dans celui des condamnés. Il s'agissait alors uniquement de les punir, parce qu'on les croyait coupables, ce qui était bien loin de vouloir les avantager en quoi que ce fût. Il n'était pas non plus question de sévir contre les créanciers, qui n'étaient pas responsables de la conduite de leurs débiteurs. Si donc les créanciers ont été frappés de déchéance, c'était par rapport à l'État seulement, et jamais pour favoriser ceux qu'il traitait en criminels de lèse-nation.

Il suit de là, que les propriétaires originaires ayant été réintégrés, et n'étant pas, comme le fisc, réputés solvables, leurs créanciers ont recouvré la faculté d'exiger les garanties qui leur avaient été consenties; par conséquent, ils ont pu faire inscrire hypothécairement leurs titres sur les biens rendus à leurs débiteurs. Voilà pourquoi une loi du 16 ventose an IX avait accordé aux créanciers des Émigrés réintégrés, un délai pour faire inscrire les hypothèques qui n'avaient pas pu être revêtues de cette formalité, pendant la possession des biens par le domaine national.

On cherche en vain à éluder cette loi, en disant qu'elle n'avait d'application qu'aux biens rendus par forme de justice, et non pas aux biens rendus aux Émigrés éliminés ou amnistiés, qui n'ont été réintégrés que par forme de grâce.

C'est depuis la loi du 12 ventose an VIII, que les radiations ont cessé d'être des actes de justice, et que l'élimination et l'amnistie n'ont plus été que des actes de bienveillance : on a démontré cette vérité dans l'article 1er. Le délai que la loi de l'an IX avait accordé pour inscrire hypothécairement les anciennes créances sur les biens rendus, n'a donc pas été restreinte au seul cas où les débiteurs auraient été rayés de la liste des Émigrés par forme de justice. Cette loi a été rendue à une époque où il existait des réintégrations par forme de justice et par forme de grâce. Pour qu'elle ne fût applicable qu'aux réintégrations de la première espèce, il aurait fallu que la restriction fût exprimée. Sa disposition est générale : elle comprend donc les deux cas de réintégration, celui où elle a été opérée par voie de justice, et celui où elle n'a été qu'une grâce. On ne peut pas admettre deux classes de biens rendus ; l'une à laquelle la loi se serait appliquée, et l'autre qui en aurait été exceptée. Cette distinction aurait été indispensable et n'a pas été faite. *Ubi lex non distinguit, nec nos distinguere debemus.*

C'est avec raison, au surplus, que cette disposition légale était exprimée d'une manière générale. Dès que les dettes anciennes n'étaient pas éteintes dans la personne du débiteur réintégré, comme on l'a démontré, la garantie hypothécaire qui n'en est que l'accessoire, devait avoir le même sort. En autorisant le créancier à poursuivre par action personnelle, il était juste de lui permettre d'agir également en vertu de ses droits réels sur les biens dans lesquels son débiteur était rentré. La personne de l'Émigré était réintégrée dans les mêmes droits actifs et passifs qu'elle avait avant d'avoir encouru la mort civile. Ses biens par conséquent lui étaient rendus dans le même état actif et passif où ils étaient avant la confiscation qui n'était faite que dans l'intérêt de l'État; elle n'a donc pas eu l'effet d'éteindre les droits qui intéressaient des particuliers.

Dira-t-on que le délai accordé par la loi du 18 ventose an IX, pour prendre inscription sur les biens des Émigrés réintégrés, étant expiré, les créanciers qui ont négligé cette formalité en temps utile, ne pouvaient plus y avoir recours? La réponse est que la loi citée a eu pour but seulement de fixer une époque après laquelle les créanciers en retard ne pourraient pas se plaindre, de ce que des créanciers postérieurs auraient été préférés à eux, sur les biens rendus à leurs débiteurs; car cette loi n'a pas voulu anéantir les priviléges et hypothèques résultant de titres valables. Les créanciers qui avaient manqué de se faire payer à leur rang sur le prix des biens vendus avant l'amnistie, avaient donc conservé le droit de prendre inscription sur les biens remis en vertu, soit de l'amnistie, soit de la loi du 5 décembre 1814.

Ainsi, il est certain que la loi du 16 ventose an IX, en déterminant le délai qu'auraient les créanciers pour prendre inscription sur les biens qu'on rendait alors, n'a porté aucune atteinte aux priviléges et hypothèques dont ils étaient grevés avant la confiscation. Donc, après la remise des objets confisqués, les anciens créanciers ont été autorisés à remplir les formalités de l'inscription pour la conservation de leurs droits.

Pour confirmer notre opinion, nous citerons un arrêt rendu par la Cour royale de Paris, le 16 mars 1821. La terre de Limours, département de Seine-et-Oise, avait été confisquée sur la comtesse de Brione, en vertu des lois révolutionnaires ; ayant été ensuite réunie au domaine de l'État, cette terre n'a été rendue que d'après la loi du 5 décembre 1814.

La marquise de Montmorency-Laval avait pris une inscription sur cette terre pendant la durée de la confiscation, quoique cette formalité parût inutile. La princesse de Vaudemont, également créancière hypothécaire sur la même terre, ne s'est inscrite que depuis la Restauration.

Un ordre s'étant ouvert pour la distribution du prix de la terre de Limoux, vendue par licitation à la requête des héritiers de la princesse de Vaudemont, il s'est agi de savoir si l'inscription de la marquise de Montmorency-Laval primerait celle de la princesse de Vaudemont.

Pour cette dernière, on disait qu'on n'avait pas la faculté de s'inscrire sur les biens réunis au domaine, et qu'il y avait nullité par conséquent dans l'inscription de la marquise de Montmorency-Laval. Celle-ci, au contraire, soutenait que les hypothèques des créanciers sur les biens des Émigrés, n'avaient pas été éteintes par la confiscation. Elle invoquait pour preuve la loi du 16 ventose an IX. De-là elle concluait que, si son inscription était inutile pour se faire payer par l'État, elle était valable pour le cas où il s'agirait de réclamer sa créance contre le propriétaire à qui l'immeuble serait rendu.

L'arrêt intervenu sur la contestation, a déclaré valable l'inscription de la marquise de Montmorency-Laval. Les motifs de la Cour sont énoncés en ces termes : « Considérant que les lois qui ont affranchi de toutes hypothèques les biens séquestrés sur les Émigrés, n'ont statué que dans l'intérêt du fisc; qu'aucune de ces lois ne contient prohibition de prendre inscription sur ces mêmes biens, pour le cas de la levée du séquestre, et pour n'avoir d'effet que contre l'Émigré débiteur;

» Que la loi du 16 ventôse en IX, en prorogeant jusqu'à trois mois après la levée du séquestre le délai pour conserver, par des inscriptions nouvelles, l'effet des anciennes créances sur les Émigrés, a nécessairement reconnu et proclamé que les créanciers avaient eu, depuis la loi du 11 brumaire an VII, et conservaient toujours la faculté de devancer ce dernier délai par des inscriptions sur les biens séquestrés, sauf à rester sans effet à l'égard du fisc et de ses acquéreurs;

» Qu'ainsi les inscriptions prises par la marquise de Montmorency, ne pouvant être annulées comme prématurées, doivent avoir tout leur effet. »

Cette décision prouve que les priviléges et hypothèques dont les biens des Émigrés étaient grevés, n'ont pas cessé de subsister pendant qu'a duré la confiscation. Bien plus, il en résulte qu'en avertissant les créanciers de ne plus s'occuper de leurs inscriptions, l'autorité entendait seulement que les formalités hypothécaires n'étaient plus nécessaires, pour la conservation des droits réels que l'État était chargé d'acquitter, et qui ne cessaient pas de subsister. Il n'était donc pas défendu aux créanciers de faire les actes conservatoires qui leur convenaient, pour le cas éventuel où les biens séquestrés seraient un jour rendus aux anciens propriétaires. Chaque créancier était libre, ou de se faire liquider par l'État, ou de préférer l'espérance du retour des débiteurs dans leurs propriétés. Par conséquent, ils avaient la liberté de prendre des inscriptions, sauf à n'en ressentir l'effet que quand les événemens arriveraient selon leurs desirs.

On ne cesse d'invoquer, pour les Émigrés débiteurs, la loi du 5 décembre 1814, qui certes n'a pas eu l'intention de sévir contre eux, puisqu'elle annonce au contraire une bienveillance toute particulière pour améliorer leur sort et celui de leur famille.

Nous en convenons, cette loi a pour but de venir au secours des Émigrés; mais elle n'a pas voulu détruire les droits acquis, ni anéantir les effets de l'émigration pour le passé. La munificence souveraine s'est bornée à diminuer la privation à laquelle les Émigrés avaient été assujettis, comme une condition de la grâce qui leur a été accordée. La preuve en est écrite dans cet acte de la puissance législative; il maintient formellement tous les effets produits par la législation et la jurisprudence antérieures concernant les Émigrés. La loi du 5 décembre 1814.

après l'avoir ordonné ainsi par son article 1er, va même jusqu'à ne pas rendre tout ce qu'il y avait de biens confisqués dans le domaine public; il est resté possesseur de beaucoup d'objets qu'il n'a pas aliénés, et la même loi l'autorise de plus à ne pas tenir compte des fruits perçus.

Il est donc de toute évidence qu'avant, comme après la Restauration, l'État n'a représenté les Émigrés que dans son seul intérêt, comme l'ont constamment jugé les arrêts rendus par la Cour de cassation, même postérieurement à la loi du 5 décembre 1814. Il suit de ce point démontré, que les intérêts d'entre les Émigrés et leurs créanciers n'ont éprouvé aucun changement par les lois qui ont déterminé les effets de la confiscation. Elles ne concernaient en rien les droits étrangers au fisc; donc les dettes personnelles des Émigrés n'ont point été éteintes pour leurs créanciers; ceux-ci ont seulement été dans la nécessité de s'adresser à l'État, s'ils ont voulu être payés pendant le temps du bannissement de leurs débiteurs. Donc encore, lorsque les Émigrés ont été rappelés à la vie civile, celles de leurs dettes que l'État n'avait pas acquittées sont devenues exigibles contre eux personnellement; donc enfin, en rentrant dans leurs anciennes propriétés, les Émigrés les ont trouvées grevées des mêmes charges qui y avaient été imposées avant l'émigration, puisque ces charges étaient les accessoires d'obligations principales et personnelles qui n'avaient pas cessé de subsister.

§ II.

Dans quel ordre il faut classer les créances acquises contre les Émigrés.

———

Si l'on ne considère que le droit établi par les titres de créances, les privilégiés occupent le premier rang. Viennent ensuite les créances hypothécaires, qui doivent être mises dans l'ordre de leurs dates. Enfin, seront placées les créances simplement chirographaires qui sont payées par contribution au marc le franc, sur les deniers qui restent, après que les priviléges et les hypothèques sont éteints?

Voilà sans doute le principe général qui est universellement connu ; mais comment en faire l'application ? Il ne suffit pas d'avoir un titre emportant privilége ou hypothèque, si l'on n'a pas rempli les formalités nécessaires pour en faire usage, pour en conserver la prérogative.

En vain un créancier aurait-il un titre privilégié ou hypothécaire, préférable à tous autres du même genre, sur un bien d'Émigré, il ne pourra obtenir le profit attaché à son droit, si, depuis la réintégration du débiteur, les formes prescrites pour la conservation de ce droit n'ont pas été remplies. Un créancier pour dettes contractées postérieurement à l'émigration, pourra être colloqué avant le créancier porteur d'un titre plus ancien, s'il prend avant lui une inscription hypothécaire.

Il faut se rappeler à ce sujet que les listes d'Émigrés ont été closes à l'époque de la constitution consulaire du 4 nivose an VIII, c'est ce que déclare la loi du 12 ventose de la même année. Elle ne considère comme Émigrés que les individus inscrits sur les listes départementales, avant la mise en activité de l'acte constitutionnel du mois de nivose précédent. Un autre fait important, est que le nouveau régime hypothécaire, préparé dès l'an III, n'a été mis en activité que par la loi du 11 brumaire an VII. Les créances acquises sur les Émigrés, antérieurement à l'émigration, n'ont donc pas pu, en grande partie, être hypothéquées dans la forme nouvelle.

La confiscation n'ayant pas permis à la plupart des créanciers, pour conserver leur hypothèque sur les biens passés dans le domaine de l'État, de se conformer à la loi de brumaire an VII, il est évident qu'ils ont dû y satisfaire aussitôt que chacun de leurs débiteurs obtenait sa réintégration dans ses anciennes propriétés, comme ils en étaient avertis par la loi du 16 ventose an IX.

Le code civil a remplacé la loi du 11 brumaire an VII, au mois de germinal an XII ; les créanciers dont les débiteurs Émigrés n'ont obtenu la remise de leurs biens que postérieurement à ce code, devaient s'y conformer pour faire constater leurs droits sur les immeubles qui étaient leur gage. Ainsi les plus diligens à remplir les formalités prescrites, soit par la loi de brumaire an VII, soit par le code civil, doivent avoir la priorité sur ceux qui ne se seraient mis en règle qu'après le délai de la loi du 16 nivose an II.

Ainsi, on doit considérer l'époque où les biens ont été rendus aux anciens propriétaires, afin de savoir par quelle loi les priviléges et hypothèques étaient régis, quand les créanciers ont dû régulariser leurs titres, pour conserver leur rang. Ce qu'il importait ici de remarquer, c'est que les créanciers qui avaient des priviléges et hypothèques sur des biens d'Émigrés, n'ont pas pu faire inscrire leurs titres contre le fisc ; la loi le leur défendait. Ce n'est pas, comme on l'a vu au paragraphe précédent, que les droits des créanciers fussent anéantis, c'est que l'État étant toujours réputé solvable, ce qu'il possède n'est pas susceptible d'être grevé d'hypothèques. Bien peu de créanciers ont eu la précaution de prendre, non sur l'État, mais sur leurs débiteurs émigrés, des inscriptions éventuelles pour le cas de la Restauration désirée, comme avait fait madame de Montmorency-Laval, contre madame de Brione.

Lors donc que les biens confisqués sont rentrés dans les mains qui les avaient possédés avant l'émigration, ils ont repris la capacité d'être affectés par des inscriptions, pour fixer le rang des hypothèques, dont le domaine public n'était plus conservateur. Il a donc fallu que les créanciers, rendus comme les débiteurs à l'observation du droit privé, se conformassent aux règles prescrites pour l'exercice des priviléges et hypothèques qui leur appartenaient.

Nous avons dit que les effets de la confiscation n'ont dû profiter qu'à l'État, parce que, d'une part, il s'agissait alors de punir des individus qu'on regardait comme coupables, et que, d'un autre côté, on n'avait eu aucune intention de sévir contre leurs créanciers. Il n'en faut pas conclure que ceux-ci puissent, plus que leurs débiteurs, tirer aucun avantage de ce qui n'a été fait que dans l'intérêt du fisc; les créanciers sont donc restés dans l'obligation de satisfaire à la loi, pour la conservation de leurs priviléges et hypothèques, dès que les biens qui étaient leur gage, sont rentrés sous l'empire du droit commun.

Nous concevons aisément qu'il peut naître un grand nombre de questions relatives au rang qu'il faut donner, à chacune des créances privilégiées et hypothéquées sur les biens rendus aux Émigrés. Il dépend de la nature des titres, des époques où ils ont été inscrits, des lois diverses qui se sont succédées, concernant les formalités à remplir pour la conservation des priviléges et hypothèques. Nous n'entreprendrons pas d'entrer à ce sujet dans aucune discussion, d'abord, parce que le moyen de résoudre chaque difficulté peut varier selon chaque espèce qui se présente. D'ailleurs notre but unique est de faire connaître les principes généraux qui doivent régler toutes les contestations de ce genre. Nous en avons donné un exemple en rapportant dans le paragraphe précédent, l'arrêt que la Cour royale de Paris a rendu entre la marquise de Montmorency-Laval, et la princesse de Vaudemont.

On a vu que les biens confisqués n'ont pas cessé d'être grevés des dettes antérieures à la confiscation. S'il n'y a plus eu de formes à suivre pour la conservation des droits des créanciers, sur les biens tombés dans le domaine public, c'est uniquement parce qu'il n'y avait besoin d'aucune garantie de la part du fisc, toujours réputé solvable.

On a vu également que l'État n'a possédé que

dans son seul intérêt, et nullement dans celui, ni des Émigrés, ni de leurs créanciers. Si d'un côté, ces derniers, non complices de leur débiteurs qu'on traitait en coupables, n'ont pas pu perdre leurs priviléges et hypothèques, par la confiscation qui n'a eu lieu qu'au profit de l'État; d'un autre côté aussi, l'État n'a rien fait pour eux, puisque c'est dans son seul intérêt qu'on a été dispensé de prendre des inscriptions hypothécaires après la confiscation. Ainsi, dès que les débiteurs sont rentrés dans leurs biens, d'après le droit privé; les créanciers pareillement ont repris l'exercice de leurs droits d'après les mêmes règles. Ils ont donc été tenus de faire les actes conservatoires ordonnés par les lois du droit privé.

De toutes ces vérités, nous tirons la conséquence nécessaire que les créanciers peuvent exercer leurs priviléges et hypothèques sur les biens rendus à leurs débiteurs; qu'ils doivent prendre inscription, et que l'ordre entre eux sera établi suivant les règles prescrites par les lois, sous l'empire desquelles les formalités hypothécaires auront été remplies.

§ III.

Des intérêts dus par les Émigrés.

En traitant tout ce qui concerne les dettes des Émigrés, on est conduit à examiner si elles peuvent être réclamées avec intérêts, dans les cas où il en serait dû, si les débiteurs n'avaient pas été frappés de mort civile.

Pour résoudre cette question, il suffit de la règle générale, qui veut que l'accessoire suive nécessairement le sort du principal. Les intérêts qui courent de droit, ou qui ont été convenus par l'obligation, sont essentiellement des accessoires de la dette. Il faut donc décider en principe, que le créancier est fondé à réclamer, et le capital, et les intérêts.

Ainsi il ne s'agit pas de savoir si les intérêts ont couru malgré les peines prononcées contre l'émigration ; car si la remise de ces peines a eu l'effet, comme on l'a démontré, de rendre les Émigrés à leurs anciennes obligations, il est clair qu'ils sont tenus de remplir en principal et intérêts, celles que l'État n'a pas liquidées. La difficulté ne tombe pas non plus sur les intérêts qui ont couru depuis la réintégration de l'Émigré. Il est certain qu'il n'est pas dispensé de payer les intérêts qui sont de droit, ou qui ont été convenus, ainsi que ceux de même nature qui étaient dus au moment de son émigration. On ne peut pas révoquer en doute cette vérité, dès qu'il est débiteur du capital qui ne va pas sans ses accessoires.

Néanmoins, pendant le temps que les biens confisqués sont restés dans le domaine public, ne semble-t-il pas juste que les intérêts soient à la charge de la jouissance que le fisc a eue de ces mêmes biens? Il est sûr que les créanciers non liquidés par l'État, ayant droit de réclamer leurs créances contre les anciens débiteurs, ils ne peuvent pas en perdre les accessoires; et voilà pourquoi on voudrait que les intérêts échus antérieurement à la réintégration de chaque Émigré fussent supportés par l'État. Cette prétention est-elle conforme aux principes développés dans cet écrit?

On a vu que l'État n'était tenu de payer que les créanciers qui ne voulaient pas attendre l'événement incertain de la réintégration de leurs débiteurs, et qui présentaient leurs titres à la liquidation de la dette publique; il n'a pas dû, il n'a pas pu payer ceux des créanciers qui ont mieux aimé courir la chance de perdre leurs créances en capitaux et intérêts, plutôt que d'accepter le mode de liquidation offert par le fisc. On a vu aussi que les créanciers étaient libres de prendre à cet égard le parti qui leur convenait; qu'aucune injonction ne leur a été donnée de se faire liquider; qu'ils ont seulement été avertis de se présenter dans le délai fixé, s'ils voulaient être remboursés par l'État; et qu'autrement ils s'exposaient à tout perdre, si leurs débiteurs n'étaient jamais rappelés à la vie civile. Il en était des créanciers des Émigrés, comme des créanciers à qui l'ont fait sommation de produire à l'ordre ouvert pour la distribution du prix de l'immeuble grevé de leur hypothèque; s'ils ne se présentent pas, l'acquéreur de l'immeuble n'a rien à leur donner sur la somme à distribuer; mais ils ne perdent pas la faculté d'exercer leurs droits de toute autre manière contre leur débiteur.

L'État avait acquis les biens par droit de confiscation; il devait les employer jusqu'à concurrence seulement de leur valeur, au paiement des dettes dont ils étaient grevés; il était donc semblable à l'acquéreur d'un immeuble dont le prix est à distribuer; il n'a pas dû par conséquent s'occuper des créanciers qui ne se présentaient pas. Tout ce qui est resté des biens après la liquidation des créanciers dont les titres ont été produits dans les délais fixés, a formé le montant de la confiscation acquise au domaine public qui n'a plus été tenu d'aucune charge. Les créanciers qui ont laissé arriver l'époque de la déchéance, ne pouvaient plus rien demander à l'État; comme le créancier qui ne s'est pas présenté à l'ordre, est déchu du droit de réclamer contre l'acquéreur qui a distribué le prix de l'immeuble.

De-là, dit-on, il résulterait que l'État qui n'aurait liquidé aucun des créanciers d'un Émigré, parce qu'il leur aurait convenu de ne pas produire leurs titres, aurait joui des biens sans en supporter la moindre charge, ce qui ne paraît pas juste; il faut au moins que les créanciers reçoivent de l'État leurs intérêts courus pendant la durée de la confiscation, et, s'il y a déchéance, faute de les avoir demandés en temps utile, ce n'est pas contre les Émigrés que cette négligence doit tourner.

La réponse est que la déchéance encourue par les créanciers n'a été prononcée que dans le seul intérêt du fisc, comme on l'a démontré; elle a libéré l'État de l'obligation de prélever, sur les biens confisqués, de quoi acquitter les dettes en capitaux et intérêts; mais elle n'a pas eu l'effet de faire perdre aux créanciers la moindre portion de leurs droits; ils ont pu réserver la faculté de les exercer contre leurs débiteurs, dans le cas imprévu alors, où ces derniers rentreraient dans les biens que le domaine public conservait.

Ainsi, nous dit-on, il aura plû aux créanciers de ne pas exiger ce qui était à la charge du fisc, et ce caprice aura tourné contre leurs débiteurs? Oui, sans doute, parce que les créanciers avaient la faculté, ou de se faire liquider par l'État, ou d'attendre mieux des événemens.

Mais en choisissant ce dernier parti, pourquoi les créanciers auraient-ils avantagé le fisc au détriment de leurs débiteurs? car il a profité de tous les intérêts des capitaux que les créanciers n'ont pas voulu recevoir?

C'est que telle a été la volonté législative. Il ne faut pas l'oublier; elle croyait avoir des coupables à punir: elle agissait entièrement dans l'intérêt de l'État, et complétement contre les intérêts des Émigrés, sans vouloir nuire en rien aux droits de leurs créanciers. Il serait impossible de blâmer cette conduite, s'il s'agissait de condamnés qui auraient mérité les peines prononcées contre eux. Or, c'est ainsi que les lois de la révolution ont considéré les Émigrés; ceux qui ne veulent pas payer leurs anciennes dettes en conviennent, ils s'efforcent de le prouver; ces mêmes lois ont été maintenues pour le passé, par les lois de la Restauration. On ne peut donc que s'y soumettre, et plaindre ceux qui en sont victimes.

Quoi! les lois de la Restauration! mais elles

ont été rendues pour venir au secours des Émigrés, et on voudrait qu'ils en fussent accablés! Non, non, un bienfait du Roi ne peut pas leur être aussi onéreux.

Nous le pensons sincèrement, le Roi a voulu faire, pour les Émigrés, tout ce qui lui a été possible; mais, dans sa sagesse, qu'a-t-il cru pouvoir leur accorder? les seuls immeubles qui étaient encore dans le domaine public, lorsqu'il a pris les rènes du gouvernement. Par cette munificence, il a augmenté seulement la remise qu'avait faite aux Émigrés le sénatus-consulte de l'an X; à l'exemple de cet acte d'amnistie, la loi de 1814 ne tient compte d'aucun des fruits perçus par l'État sur les biens confisqués, ni par conséquent d'aucun intérêt des dettes qu'il n'a pas acquittées; c'était une des conditions de la grâce accordée par le gouvernement consulaire; la même condition a pu être imposée par le Roi aux bienfaits émanés de sa bonté.

Il n'y a donc aucun moyen de faire supporter par l'État les intérêts des dettes, en compensation de la jouissance des biens confisqués ; telle a été la volonté de la puissance législative en 1814. Avant cette dernière époque les Émigrés réintégrés étaient tenus, non-seulement du capital de leurs dettes non liquidées par l'État, mais encore de tous les intérêts, pour celles qui en étaient susceptibles. Pareillement, depuis la Restauration les Émigrés sont restés dans l'obligation de payer leurs dettes en principal et accessoires, parce que la loi du 4 décembre 1814 a maintenu, pour le passé, tous les effets de la législation antérieure, relative à l'émigration.

Quelle règle faut-il donc suivre pour déterminer, soit les créances susceptibles d'intérêts, soit le taux auquel il faut les calculer ? En rentrant dans la vie civile, avons-nous dit, les Émigrés ont repris les droits actifs et passifs qu'ils avaient avant leur condamnation. Leurs droits actifs n'ont diminué que de ce qui en a tourné au profit de l'État ; ils n'ont éprouvé de soulagement dans leurs droits passifs que pour la portion qui a été liquidée par l'État. Les Émigrés ainsi rendus à la qualité de citoyen sont donc régis par le droit privé, comme avant leur condamnation ; par conséquent il faut se régler d'après les lois communes à tous les Français, pour décider quelles sont les créances qui portent intérêts, et pour en fixer le taux.

Le titre de chaque créance est à examiner. Les intérêts sont dus sans difficulté, si la convention le porte, comme dans les contrats de rentes constituées, ou dans les obligations passées depuis 1790, époque où il a été permis de stipuler les intérêts des sommes prêtées pour un temps limité ; il en est de même des jugemens qui comdamnent aux intérêts de la somme réclamée ; c'est un contrat forcé qui a l'effet d'une convention volontaire.

Quand le titre ne stipule pas d'intérêts, on distingue les créances que la loi assujettit à des intérêts, telles que celles qui ont pour objet un douaire ou le prix d'un immeuble vendu. Alors les intérêts sont exigibles, quoique les parties n'en aient pas parlé, parce qu'ils sont dus de plein droit. Il faudrait en excepter le cas, où, dans des contrats de ce genre, les parties seraient convenues que la somme ne produirait pas d'intérêts ; car alors elles auraient volontairement renoncé au bénéfice de la loi.

S'agit-il d'une créance à laquelle la loi ne fait pas produire d'intérêts, et dont le titre n'en stipule point, comme sont les obligations antérieures à 1790, un billet à ordre, un mémoire arrêté pour fourniture faite ? Les intérêts ne sont dus en pareil cas, que du jour où ils ont été demandés judiciairement, soit au débiteur avant son émigration, ou depuis sa réintégration, soit au fisc pendant le temps de la confiscation, si le fisc n'a pas acquitté la dette avant le retour du débiteur.

Observez que le créancier dont le titre n'est pas de nature à produire des intérêts, et qui ne les avait pas demandés en justice avant l'émigration de son débiteur, n'a pas pu les faire courir par demande formée contre le fisc, à moins qu'il ne se soit présenté à la liquidation. On sent bien qu'il n'a pas pu exiger de l'État les accessoires de la créance, sans se soumettre à recevoir le principal, parce que l'État n'entendait pas liquider l'un sans l'autre.

Nous n'avons indiqué que les principes généraux relatifs aux intérêts qui sont exigibles pour les créances acquises contre les Émigrés. Plusieurs questions pourront s'élever sur l'application de ces mêmes principes, à cause de diverses circonstances particulières où se sont trouvées quelques parties qui contesteront; mais cet Écrit n'est pas destiné à prévoir toutes les difficultés que présente cette matière.

Il suffit ici d'avoir prouvé que les Émigrés, n'ayant pas été déliés de la principale obligation, qui n'a jamais cessé de peser sur leur personne dans le droit naturel, sont tenus, par conséquent, de ce qui en est l'accessoire nécessaire; qu'étant redevenus soumis, pour leurs droits actifs et passifs, à la législation privée, après leur réintégration, comme ils l'étaient avant leur émigration, il faut suivre les règles du droit privé pour déterminer de quels intérêts les Émigrés sont débiteurs, et **calculer** comme s'ils n'avaient jamais perdu la vie civile.

C'est ainsi qu'en agissent les princes qui ont été rendus à la France par la Restauration. Nous ne citerons que l'héritier présomptif du trône parce que, plus il lui était facile d'être sourd aux justes réclamations de ses créanciers, plus est utile l'exemple qu'il donne de sa soumission aux principes consacrés par l'article 1er de la loi du 5 décembre 1814, qui a maintenu tous les droits acquis par la législation précédente sur l'émigration.

Il est à notre connaissance que ce prince a reconnu, sans hésitation, une dette qu'il avait contractée en 1790; il n'a fait aucune difficulté d'ajouter, pour vingt-neuf ans, les intérêts qui ont surpassé de beaucoup le capital dont le montant était lui-même très-considérable.

Voilà comment les Émigrés doivent se comporter, pour montrer leur soumission aux lois, quelle que soit la perte qu'ils éprouvent de cet hommage rendu à l'autorité légitime pour laquelle ils s'honorent d'avoir combattu; qu'ils apprennent du plus auguste citoyen qui se fait un devoir d'y obéir, que le seul moyen de mériter la considération à laquelle ils prétendent, est de ne pas méconnaître les règles de la justice et de l'équité naturelle.

§ IV.

De la prescription couruc pendant l'émigration.

Puisque depuis leur réintégration, les Émigrés ont repris leurs anciennes relations avec leurs créanciers, telles qu'elles existaient avant l'émigration, il faut en conclure que le temps de la prescription a couru à leur profit et contre eux pendant leur bannissement.

De ce que ces anciennes relations rétablies entre les créanciers et les débiteurs sont assujetties au droit privé, il faut en conclure que, pour le calcul du temps de la prescription et de ses effets, on doit suivre les règles communes à tous les particuliers, comme si les débiteurs n'avaient jamais subi la mort civile; la prescription est donc applicable aux intérêts et aux capitaux: Conséquemment, si le titre est, par exemple, un contrat de rente constituée, le créancier ne pourra exiger pour le passé plus de cinq années d'arrérage, parce que, suivant la législation ancienne et nouvelle, les arrérages de ces sortes de rentes se prescrivent par le laps de cinq ans ; par la même raison, s'il s'est écoulé plus de trente ans, sans que le débiteur émigré ou ses représentans ayent été constitués en demeure ; le créancier pourra être valablement repoussé de toute demande, sauf les cas où la prescription aurait été suspendue en sa faveur, comme dans celui de la minorité du débiteur.

Inutilement le créancier dirait qu'il n'a pas pu interrompre la prescription pendant que son débiteur était frappé de mort civile, et qu'ainsi tout le temps qu'a duré cette peine ne doit pas être compté pour la prescription ; la réponse serait qu'il devait s'adresser au fisc qui représentait les Émigrés, non comme ayant succédé à leurs personnes, mais en qualité de possesseur de leurs droits actifs et passifs. L'héritier sous bénéfice d'inventaire n'est-il pas celui contre qui on doit interrompre la prescription, pour les droits dépendant de la succession dont il n'est qu'administrateur? le fisc est de même, en qualité de confiscataire, celui contre qui doivent s'exercer les droits qu'on a sur les condamnés à la confiscation ; il est en tout semblable à l'héritier bénéficiaire, comme on l'a prouvé plus haut.

Mais, dira-t-on, pour interrompre la prescription contre le fisc, il fallait se soumettre à la liquidation qu'il offrait; or, le créancier était libre d'accepter cette offre ou de la refuser, pour conserver ses droits éventuellement contre son débiteur. En prenant ce dernier parti, le créancier n'a plus eu à considérer que son débiteur, contre qui il n'y avait aucun moyen d'interrompre la prescription, car toute action avait été interdite contre les Emigrés. Donc, pour le créancier qui n'a pas voulu se faire liquider par l'Etat, le temps de la mort civile de son débiteur ne peut pas entrer dans le calcul de la prescription.

Réponse. Pendant tout le temps de l'émigration, le créancier n'a pu exercer ses droits que contre le fisc ; il n'avait donc pas d'autre moyen d'en éviter l'extinction par la prescription, qu'en se soumettant à la liquidation qui lui était proposée; s'il a été maître de la refuser, ce n'a été qu'au risque de tout perdre, si son débiteur ne revenait jamais à la vie civile, ou si le temps de la prescription s'accomplissait avant l'époque où les événemens devaient faire rentrer l'Emigré dans ses biens. C'est à ce double danger que le créancier s'est exposé, en ne se présentant pas à la liquidation de l'Etat : il n'a donc pas à se plaindre, si le parti qu'il a pris volontairement lui a été préjudiciable. *Volenti non fit injuria.*

Soit pour interrompre la prescription, il fallait s'adresser au fisc, lorsque la liquidation des dettes des Emigrés était en activité; mais, répliquent les créanciers, depuis qu'elle a été fermée le fisc ne pouvait recevoir aucune réclamation; il n'était plus le représentant des débiteurs dont il gardait les biens confisqués. Le temps qui s'est écoulé, à compter de la suppression de la liquidation jusqu'au jour de la réintégration de chaque émigré, ne doit-il pas être écarté du calcul de la prescription ?

Non, assurément, parce que le créancier qui n'a pas voulu se faire liquider, s'est volontairement exposé à toutes les chances qui pouvaient résulter du parti qu'il prenait. Il devait prévoir le danger qu'il courait en laissant arriver le moment de la déchéance prononcée au profit de l'État. S'il était libre de choisir entre le mode de liquidation qui lui était offert, et l'espérance d'être mieux payé un jour à venir, il ne pouvait pas se créer des droits différens de ceux que les lois civiles accordaient à son titre; en matière d'émigration, tout a été réglé dans l'intérêt de l'État, et rien dans celui, ni des Émigrés, ni des créanciers; ils sont restés les uns envers les autres soumis au droit commun.

D'ailleurs il n'est pas vrai de dire que l'État a cessé de représenter les Émigrés comme détenteur de leurs biens, après la clôture de la liquidation nationale; comme cette clôture n'a été ordonnée que dans le seul intérêt de l'État, il n'a pas moins continué de jouir des biens confisqués, d'après les lois relatives à la confiscation.

Par conséquent il a toujours représenté les Émigrés, tant que cette peine a duré contre eux.

S'il est arrivé une époque où l'État n'a plus reçu de réclamations de la part des créanciers, ceux-ci en ont été avertis long-temps avant, et c'est leur faute volontaire, s'ils n'ont pas exercé leurs droits en temps utile, et de la seule manière qui leur était permise. Ils ne peuvent pas argumenter aujourd'hui de leur négligence, ou, si l'on veut, du parti qu'ils ont choisi, et prétendre qu'en s'exposant librement au danger de la prescription, le droit privé qui les régissait a été suspendu pour eux.

Ce qui vient d'être dit de la prescription, en considérant les Émigrés comme débiteurs, reçoit aussi son application, en les considérant comme créanciers. Le temps de prescrire a couru à leur profit pendant la possession de leurs biens par le domaine, parce qu'il les représentait suffisamment, en qualité de détenteur, pour opérer la prescription qui ne pouvait être interrompue qu'en agissant contre l'État; par la même raison, la qualité de confiscataire donnait au fisc suffisante capacité pour qu'on lui opposât la prescription, lorsqu'il réclamait des créances dues à ceux qu'il représentait. Si le fisc a laissé écouler le temps nécessaire pour prescrire, les Émigrés créanciers rendus à la vie civile doivent subir la perte qui est résultée à leur préjudice d'un trop long silence.

Qu'on ne demande pas, si du moins ils n'ont pas une action en indemnité contre le fisc, pour raison de la négligence qu'il a mise à ne pas interrompre la prescription. On répondrait que pareille action n'est admissible que contre un simple mandataire; que le fisc n'a pas possédé à titre de mandat, ni à titre précaire quelconque. Il était légitime propriétaire en vertu de la confiscation, sauf qu'il était obligé d'employer les biens confisqués à payer, jusqu'à due concurrence, les créanciers des condamnés. C'était la seule condition du droit de propriété, que lui conférait la confiscation. Il a donc pu user et abuser de ce qui lui appartenait, sans être responsable de sa gestion.

Les anciens propriétaires réintégrés sont d'autant moins fondés à lui demander compte, qu'ils ne sont rentrés qu'à titre de grâce dans ce qui leur a été rendu; de manière que, pour le passé, ils n'ont rien à réclamer du domaine public, ni les objets qu'il conserve encore et qui ont été exceptés de la remise, ni même les fruits perçus, ni par conséquent aucune indemnité, soit pour les biens vendus, soit pour les créances éteintes par la prescription.

Nous répétons, comme aux paragraphes précédens, que des circonstances particulières peu-

vent faire naître, sur l'application de la prescription, des difficultés qu'il n'entre pas dans notre
plan de résoudre ici. Nous avons voulu seulement
démontrer que les règles ordinaires de la prescription sont à suivre pour les créances acquises
contre les Émigrés, et pour celles qui leur appar-
tiennent contre leurs anciens débiteurs.

§ V.

**Les Émigrés ne sont-ils tenus de leurs dettes qu'en propor-
tion de la valeur des biens qui leur ont été rendus?**

Dans le paragraphe III de l'article 1er nous
avons touché cette question; mais c'était acciden-
tellement, et pour indiquer comment elle avait
été envisagée par l'autorité judiciaire, dans les
arrêts qui établissent la jurisprudence qu'il fallait faire connaître. Maintenant nous devons la
traiter plus spécialement; car une des dernières
ressources de ceux des Émigrés qui repoussent
leurs anciennes dettes, est de prétendre qu'au
moins ils ne sont tenus de les payer qu'en proportion de ce que valent les biens que l'État a
rendus. Comment, disent-ils, concevoir qu'on ait
dépouillé les Émigrés, qu'on ne leur ait remis
qu'une portion de leurs propriétés, et qu'ils

puissent acquitter la totalité des dettes qu'ils avaient contractées avant la confiscation? rien n'est plus injuste. Les obligations qu'ils avaient prises étaient en raison de la fortune dont ils jouissaient. Lors donc qu'ils en ont été privés totalement, et qu'ils n'en ont recouvré qu'une portion très-modique, peuvent-ils acquitter la totalité de leurs dettes? ils ne les auraient pas contractées, s'ils n'eussent possédé que ce qui leur en a été rendu; n'est-il pas de toute équité que le fisc qui a profité du surplus des biens, en supporte proportionnellement les charges? Les débiteurs réintégrés, si on ne veut pas les affranchir de toutes leurs anciennes dettes, devraient donc au moins n'y être obligés, que dans la proportion de ce qu'ils retrouvent de leurs propriétés.

Ceux qui élèvent cette prétention oublient que la Charte constitutionnelle, l'ordonnance du 21 août 1814, et la loi du 5 décembre suivant ont maintenu la législation, les actes du Gouvernement et les jugemens relatifs à l'émigration, pour les effets qui en étaient résultés. N'examinons pas si les peines qui ont été prononcées contre les Émigrés, étaient méritées ou non; rappelons seulement que, même d'après les lois de la Restauration, il faut considérer les Émigrés comme des condamnés à qui on a fait grâce et qui n'ont recouvré la vie civile, qu'à compter du jour de leur réintégration ; les peines qu'ils ont subies, résultent de monumens législatifs, administratifs et judiciaires qui ont acquis force de chose jugée, et sont reconnus par le souverain légitime, pour le passé. Les Émigrés ont été des coupables punis ; il n'est pas permis en droit de le révoquer en doute : *res judicata pro veritate habetur.*

Dès lors, en droit, c'est la faute des Émigrés, s'ils ont souffert la mort civile et la confiscation ; ils étaient donc, en droit, responsables envers l'État, des dépenses extraordinaires que leur conduite lui a occasionées ; ainsi nous devons décider, en droit, qu'il était juste de leur faire supporter des indemnités proportionnées au tort qu'ils sont réputés avoir causé à la nation. La loi du 9 février 1792, et le sénatus-consulte du 6 floréal an X., qui déclarent que cette indemnité est due, font partie de la législation que l'autorité légitime a maintenue.

Ainsi, en ne rendant aux Émigrés qu'une portion de leurs biens, la puissance législative a pu prendre le surplus pour les dommages et intérêts qui étaient regardés comme dus à l'Etat ; de plus ils étaient tous considérés complices du même fait ; la condamnation a donc pu être solidaire ; en sorte que, si l'indemnité a préjudicié aux uns plus qu'aux autres, ce n'est pas à l'Etat qu'il faut s'en prendre.

De-là il suit qu'on a rendu aux Emigrés la totalité de ce qu'ils pouvaient espérer. L'Etat, après leur réintégration, ne possédait plus rien à titre de confiscation, seul titre qui l'obligeât à employer les biens au paiement des dettes. Ce qu'il gardait à titre de dommages et intérêts, n'était que pour le paiement d'une dette réputée légitimement due à la nation. Assurément, lorsqu'un particulier obtient une indemnité contre un autre particulier, il n'est pas tenu de payer une portion des dettes de sa partie adverse, en raison des biens qu'elle sacrifie pour exécuter le jugement prononcé contre elle.

Il n'est donc pas vrai de dire que l'Etat soit obligé de supporter les dettes des Emigrés proportionnellement aux biens qu'il ne leur a pas rendus; car, suivant la loi maintenue du 9 février 1792, c'était le montant de l'indemnité qu'ils devaient à l'Etat. Les Emigrés, par la même raison, ne sont pas libérés de leurs anciennes dettes au prorata de la portion de leurs biens qui a profité à la nation à titre de dommages et intétêts.

D'après l'équité dont parlent toujours ceux des Emigrés à qui nous nous adressons, il est de toute évidence que leurs créanciers ne doivent rien perdre; c'est pour être justes envers leurs créanciers, que les débiteurs demandent à l'Etat le paiement d'une partie de leurs dettes. L'Etat répond qu'il ne doit rien pour ce qu'il a retenu à titre d'indemnité ; il suit de-là que les créanciers qui ne doivent rien perdre, sont fondés à exiger de leurs débiteurs la totalité de ce qui est dû par ces derniers ; autrement il y aurait injustice, car il faudrait que les créanciers souffrissent pour leurs débiteurs qui, sans les consulter, se sont exposés aux dangers de l'émigration.

Qu'oppose-t-on à une démonstration aussi complète, tirée des lois spéciales dont l'autorité légitime du Roi a expressément ordonné le maintien ? On prétend qu'il n'existe, dans la législation française, aucune disposition applicable à la situation où se trouvent les Emigrés, par rapport à leurs créanciers. Cette allégation est démentie par tous les actes législatifs, administratifs et judiciaires qu'on a rappelés dans les articles précédens. On n'en conclut pas moins qu'il faut chercher dans le droit romain la règle invariable à suivre dans les circonstances actuelles ; en conséquence, on cite la loi 3, au code *De sententiam passis et restitutis*. Elle porte que le condamné dont les biens ont été confisqués, et qui obtient de la bonté de l'empereur la remise de la peine, avec une portion seulement des biens dont il avait été privé, n'est tenu de ses dettes antérieures à la confiscation, qu'en proportion des valeurs qu'il a recouvrées.

N'est-ce pas, disent les Émigrés, le cas où nous nous trouvons? nous avons été condamnés à une peine emportant la mort civile et la confiscation; nous avons obtenu, par une grâce du pouvoir souverain, la remise de cette peine; et on ne nous a rendu qu'une portion de nos biens. Le Roi, à la vérité, par la loi du 5 décembre 1814, ajoute quelque chose à ce que nous avions déjà reçu; mais il s'en faut encore de beaucoup que la totalité de ce qui nous avait été enlevé, nous ait été remise. On ne nous rend même pas un seul de nos objets mobiliers qui n'ont pas été aliénés, et qui sont encore dans le domaine de l'État : voilà précisément le cas prévu par le texte romain ; ainsi n'ayant recouvré qu'une partie de nos biens, nous ne sommes tenus au paiement de nos anciennes dettes, qu'en proportion de ce qui nous a été rendu.

Vous ne le voyez donc pas! La réponse à votre objection est tirée de la loi même que vous citez. Il y est dit : que le condamné n'est tenu de ses dettes qu'en proportion des biens dans lesquels il est réintégré; par conséquent, le fisc n'est plus obligé à aucune des dettes, s'il rend la totalité de ce qu'il a confisqué; voilà bien la conséquence du texte romain. Or, tout ce que le domaine public retenait à titre de confiscation, vous a été rendu; ce qu'il a gardé, ce dont il a profité, c'est pour les dommages et intérêts que vous deviez à l'État. Encore une fois, la loi du 9 février 1792 et le sénatus-consulte de l'an X l'ont ainsi décidé. Tous les actes du Gouvernement et tous les monumens de la jurisprudence ont prononcé, en se conformant à cette loi : le tout a été maintenu par l'autorité légitime du Roi.

Si donc tout ce qui était compris dans la confiscation de vos biens vous a été remis, et si, d'après la loi romaine, le condamné réintégré par forme de grâce doit acquitter le tout ou partie de ses dettes, selon que ses biens confisqués lui sont rendus en tout ou en partie, il est clair que vous devez payer la totalité de vos dettes, puisque vous êtes rentrés dans la totalité de ce qui vous a été enlevé à titre de confiscation.

Ce qui ne vous a pas été rendu est le montant des dommages et intérêts auxquels vous avez été condamnés; c'est un point de droit démontré. Or, où voyez-vous, dans le droit romain, dans le droit français ancien et moderne, que ce qui a été payé au domaine public à titre d'indemnité, soit assujetti à une portion des dettes du condamné? Si une amende prononcée absorbe la moitié de la fortune de celui qui l'a encourue, est-il dit que les crëanciers s'adresseront au fisc pour avoir moitié de leur paiement ? non certainement.

Soyez donc plus conséquens lorsque vous invoquez des autorités, ou plutôt n'allez pas fouiller dans le chaos d'une législation étrangère, quand celle de votre pays, celle qui vous concerne spécialement, explique clairement pourquoi vos biens étaient mis à la disposition de la nation, et pourquoi ils ne vous ont pas été rendus en totalité; ou, s'il vous faut des citations latines, ne choisissez pas précisément celles qui renversent votre propre système, celles où on voit que le fisc n'est tenu des dettes des condamnés qui obtiennent leur grâce, qu'en proportion de ce qu'il conserve à titre de confiscation; car c'est prouver vous-mêmes que le fisc n'est plus chargé d'aucune des dettes des condamnés, aussitôt qu'il ne tient plus rien d'eux qu'à titre de dommages et intérêts.

A l'époque de 1792, on voulut que la totalité de ce qui vous appartenait servît d'indemnité. Par la suite on a usé d'indulgence; on vous en a rendu une partie. Le Roi plus généreux encore a augmenté la remise qui vous a été faite; mais elle n'a pas été complète. Il résulte de-là que l'indemnité à laquelle vous avez été condamnés, s'est réduite à beaucoup moins qu'elle n'avait été résolue d'abord. Quoi qu'il en soit du plus ou du moins, il est certain que la portion de vos biens qui a profité au domaine, est le montant de l'indemnité dont vous avez été déclarés débiteurs envers l'État, par une législation dont la loi royale de 1814 a maintenu les effets.

Assurément, en acquittant cette dette à la nation, vous n'avez pas pu être dégrevés de vos autres dettes ; il serait bien extraordinaire d'entendre, dans les tribunaux, soutenir que celui qui a obtenu des dommages et intérêts doit contribuer proportionnellement aux dettes de la partie condamnée ?

N'est-il pas bien dur pour les Émigrés, nous dit-on, de voir qu'on leur retient une portion de leur fortune, sous prétexte d'indemnité, comme s'ils n'avaient pas donné une marque d'attachement à leur prince, en le suivant hors du royaume ? Nous ne prononçons pas sur ce point purement politique; nous ne voyons ici que les lois maintenues par le Roi lui-même; voilà l'unique boussole qui nous guide.

Au reste, ne craignons pas d'admettre que très-injustement les Émigrés ont été condamnés au bannissement perpétuel, peine qui emportait mort civile, et confiscation de tous les biens. Cette couleur donnée aux malheurs qu'a éprouvés la

France, est convenable dans un temps où il s'agit d'oublier le passé, et de réunir tous les Français autour du trône constitutionnel. Il n'en sera pas moins certain que tout ce qui a été prononcé contre les Émigrés, a produit des effets qui sont maintenus par l'autorité assise sur ce même trône. La manière la plus favorable pour les Émigrés de considérer les événemens de la révolution, est de les comparer à des malheurs occasionés par force majeure. Or, un principe généralement reconnu et consigné dans le droit romain lui-même, c'est que le débiteur n'est libéré d'aucune portion de ses dettes, même par la perte totale de tous ses biens, quoiqu'elle arrive sans sa faute, comme par incendie, inondation, tremblement de terre : *incendium ære alieno non exuit debitorem.* Loi 11 au code *si certum petatur.*

Pourquoi, dit-on encore, les créanciers ne supporteraient-ils pas aussi une portion de ces malheurs de force majeure? N'ont-ils pas été soumis comme leurs débiteurs aux lois relatives à l'émigration? n'ont-ils pas à se reprocher d'y avoir désobéi en ne se faisant pas liquider par l'État, quand il leur était ordonné de s'adresser à lui pour leur paiement? Tous ceux qui ont produit leurs titres ont été liquidés; pourquoi ceux qui ont résisté à l'injonction de l'autorité, seraient-ils traités plus favorablement que ceux qui s'y sont conformés? Ces derniers, à cause de leur soumission, ont vu leurs créances réduites au tiers, qui, de plus, ne leur a été remboursé qu'en valeurs dépréciées. Les autres au contraire, pour prix de leur désobéissance, retrouveraient l'intégralité de leurs créances sans aucune espèce de perte! rien ne paraît plus injuste.

Nous répondrons que, dans les événemens de force majeure, chacun ne doit supporter que la perte qui le concerne. Si le feu du ciel consume la maison entière d'un particulier, et seulement la moitié d'une maison appartenant à un autre, la perte sera supportée inégalement par les deux incendiés. L'équité ne permet pas de repartir le dommage autrement que le sort ne l'a voulu. Or, les créanciers des Émigrés n'ont point été atteints par le coup qui n'a frappé que leurs débiteurs; car, il ne faut pas l'oublier, les lois sur l'émigration n'ont pas entendu sévir contre les créanciers des Émigrés, ni leur porter aucun préjudice.

Lorsque, par suite des peines lancées contre les Émigrés, il a fallu, pour exécuter la confiscation, appeler les créanciers, afin de les payer jusqu'à concurrence de la valeur de leur gage, on ne les a pas condamnés à se présenter; c'est, comme nous l'avons déjà remarqué, un avertis-

sement qui leur a été donné; semblable à celui qui a lieu dans une procédure d'ordre,
lorsqu'on notifie aux créanciers inscrits, qu'ils
ayent à produire leurs titres, s'ils veulent être
colloqués sur le prix qui est à distribuer. De
même que les créanciers inscrits ont la faculté
de ne pas figurer dans l'ordre, espérant se
faire payer d'une autre manière; de même aussi,
les créanciers des Émigrés ont été libres de
répondre à l'invitation qui leur était faite, de
se présenter à la liquidation organisée par le
Gouvernement. Ceux qui ont profité de l'occasion d'obtenir leur paiement, tel qu'il leur était
offert, n'ont pas obéi à une injonction; ils ont
accepté librement le mode de remboursement
proposé. Les autres ont préféré garder leurs
titres, dans l'espoir qu'un jour ils en tireraient
un meilleur parti; ils risquèrent, il est vrai, de
n'être point payés, si les événemens ne rame-
naient pas leur débiteurs. Ce parti qu'ils pre-
naient, n'était pas une résistance à un ordre
de la loi; mais le refus libre d'une offre faite.
On leur a dit : Produisez vos titres, si vous voulez
que l'État vous paie. Ils ont voulu courir une
chance à laquelle il ne leur était pas défendu de
s'exposer.

Est-ce lorsque cette chance, après de longues
années d'anxiété, leur est enfin devenue favora-

ble, qu'on pourrait les priver d'un paiement qu'ils ont attendu si constamment? Les Émigrés oseront-ils faire un reproche à ceux de leurs créanciers qui n'ont pas désespéré de les revoir un jour revenir à la vie civile et à la jouissance de leurs biens? Ces généreux créanciers n'ont fondé leur espoir que dans le retour de l'autorité légitime; et des citoyens, animés d'un tel sentiment, pourraient en être punis par les actes de cette même autorité rendue enfin à leurs vœux!

Que les Émigrés cessent donc de mettre le créancier qui a traité avec un gouvernement qu'ils dépriment, au-dessus du créancier qui a préféré le danger d'attendre un meilleur avenir.

Ne peut-on pas comparer la pusillanimité de ceux qui ont fait liquider leurs droits, à celle de ces Émigrés dont le zèle pour la légitimité s'est bientôt épuisé après quelque temps d'épreuve, et qui se sont empressés de faire leur soumission à l'usurpateur, aussitôt qu'il leur a permis de solliciter leur grâce? Au contraire, les créanciers qui ont rejeté toutes offres de liquidation, ne ressemblent-ils pas au petit nombre d'Émigrés, dont les maux de l'exil n'ont point ébranlé la constance? Ils ont mieux aimé souffrir indéfiniment la privation de leurs droits civils et de leurs biens, que d'en recouvrer la jouissance avant le rétablissement du Monarque auquel ils faisaient tant de sacrifices. Que diraient les Émigrés rentrés seulement depuis la Restauration, si, pour n'avoir pas désespéré du retour des Bourbons dans leur patrie, on les traitait moins bien que ceux qui se sont fait réintégrer par le précédent gouvernement ?

Soyons justes envers tous. Les uns et les autres ont agi suivant le sentiment qu'ils éprouvaient, suivant l'opinion qu'ils avaient de l'avenir, ou plutôt selon ce qu'ils croyaient plus convenable à leurs intérêts. Aujourd'hui qu'il n'y a plus ni éloge, ni blâme à donner pour le passé, puisqu'il faut l'oublier; aujourd'hui que tous les Français indistinctement sont invités par l'auteur auguste de la Charte, à l'union, laissons chacun jouir ou souffrir du résultat de ses combinaisons politiques, ou de ses calculs de fortune; il est des Émigrés beaucoup mieux favorisés par l'événement, que d'autres qui ont mérité peut-être d'avoir un meilleur sort. Pareillement, parmi les créanciers des Émigrés, il y en a qui seront payés entièrement, et d'autres qui ne l'auront été que faiblement; d'autres aussi qui ne le seront jamais. Les événemens seuls auront causé cette inégalité. Il n'appartient pas au pouvoir constitué par les hommes de déranger la répartition faite des biens et des maux par la Providence divine. Les hommes ne doivent avoir pour règle que les principes du droit; c'est en les suivant rigoureusement que l'autorité constituée sera juste autant que son devoir l'exige, comme le nôtre est d'espérer qu'elle le remplira.

ARTICLE VI.

Examen des deux arrêts rendus en 1821, l'un par la Cour royale de Dijon, et l'autre par la **Cour royale de Paris**, sur les anciennes dettes des Émigrés.

Plusieurs Cours royales ont eu à prononcer si, depuis la loi du 5 décembre 1814, les Émigrés sont tenus de payer leurs dettes contractées avant la confiscation de leurs biens. Mais les premiers arrêts venus à notre connaissance, et qui ont statué sur cette question, sont celui du 14 avril 1821, rendu par la Cour royale de Dijon, et celui du 23 juillet suivant émané de la Cour royale de Paris. Nous nous en tiendrons à ces deux décisions, parce qu'elles sont diamétralement contraires. Elles suffiront pour nous montrer comment sont quelquefois interprétées différemment les lois, et pour nous donner l'occasion de faire sentir de quel côté est la juste application des principes établis dans les articles précédens.

Celui-ci se divise en trois paragraphes. On rendra compte, dans le premier, de l'arrêt de Dijon, et, dans le second, de l'arrêt de Paris. Un troisième paragraphe considérera les deux arrêts dans leurs effets différens.

§. I.

De l'arrêt de la Cour royale de Dijon.

———

Ceux des Émigrés qui voudraient être libérés de leurs anciennes dettes, pour jouir intégralement des biens qui leur ont été rendus, avaient les yeux ouverts sur les réclamations formées depuis la Restauration, contre plusieurs d'entre eux.

Ils avaient feuilleté le droit romain, l'ancien et le nouveau droit français; ils avaient mis à contribution les plus célèbres auteurs. Des jurisconsultes justement estimés leur avaient prêté leurs plumes savantes. Avec des armes aussi-bien préparées, un combat s'engage devant le tribunal de première instance de Dijon, entre la marquise de la Guiche et un ancien président au parlement de Bourgogne, M. Joly de Bévy, qui, comme on voit, avait l'avantage du terrain. L'objet de la contestation était très-simple.

M. de Bévy, en 1776, avait constitué une rente de quinze cents francs, au principal de trente mille, au profit de madame de la Guiche. Il était sorti de France en 1791, et n'y est rentré qu'en 1814, époque où quelques bois lui furent rendus, en vertu de la loi du 5 décembre 1814.

Assignation est donnée de la part de madame de la Guiche, pour avoir, contre son ancien débiteur, titre nouveau et paiement des arrérages échus, indépendamment de ceux à écheoir.

Le défendeur a soutenu qu'il avait été déchargé de toutes dettes antérieures à son émigration, parce qu'elles étaient devenues charges de l'État, par suite de la confiscation. Les créanciers, disait-il, qui ne se sont pas fait liquider ont à se reprocher leur négligence; par conséquent la déchéance qu'ils ont encourue, pendant que l'État représentait le débiteur, doit profiter à ce dernier qui a pris la place de l'État. De-là il résulte, ajoutait le défendeur, que la personne a été réintégrée affranchie de toutes dettes personnelles, et que ses biens lui ont été rendus dégrevés de toutes charges réelles. Il soutenait en outre que la loi du 5 décembre 1814, soit dans ses motifs, soit dans son dispositif, n'annonçait qu'une grâce, un secours accordé aux Émigrés, ou à leurs familles, dont eux seuls devaient profiter ; qu'ainsi la loi serait détournée de son véritable but, si des créanciers pouvaient s'approprier un bienfait qui ne leur est pas destiné.

De son côté, la demanderesse invoquait cette même loi qui maintient la législation antérieure concernant les Émigrés. Elle s'appuyait sur les principes de cette législation ; ils autorisent les créanciers à poursuivre leurs débiteurs, sans qu'ils puissent opposer une déchéance qui n'a été prononcée que dans l'intérêt de l'État. Bien loin, ajoutait madame de la Guiche, que la loi du 5 décembre 1814 ait entendu retirer aux créanciers le droit que les lois précédentes leur avaient acquis, de poursuivre leurs débiteurs, elle se contente d'accorder à ces derniers un sursis d'un an, pendant lequel les créanciers pourront faire seulement des actes conservatoires. Elle reconnaît donc que les créanciers des Émigrés n'ont pas perdu le droit de les poursuivre.

On répondait pour M. de Bévy, que le sursis dont il s'agit, quoique prononcé en termes généraux, ne s'appliquait qu'aux dettes créées depuis la réintégration, et nullemment à celles d'une date antérieure à l'émigration.

Le tribunal civil de Dijon n'accueillit qu'en partie les moyens de M. de Bévy. Il crut devoir l'assujettir à payer au moins une portion de la dette, en proportion des biens dans lesquels le débiteur avait été réintégré.

En conséquence, par jugement du 31 août 1820, il fut ordonné que M. de Bévy produirait, dans le délai de trois mois, un état détaillé de tous les biens meubles et immeubles que le Gouvernement lui avait confisqués, et qu'il donnerait à chaque objet la valeur vénale de 1790. A la suite de ce même état, M. de Bévy devait désigner tous les biens qui lui ont été rendus, en assignant aussi à chacun la valeur vénale de 1790.

Madame de la Guiche était autorisée à critiquer l'état qui lui serait notifié ; et, sur le tout, le tribunal devait déterminer la portion de la dette qu'il faisait tomber à la charge de M. de Bévy.

Ce jugement ne pouvait pas se soutenir ; ou les créanciers des Émigrés n'ont aucun droit de réclamation, ou ils peuvent exiger la totalité de leurs créances. Dans le paragraphe V de l'article précédent, nous avons démontré que les principes, en matière d'émigration, ne permettent pas de ne faire supporter aux débiteurs réintégrés qu'une portion de leurs dettes, proportionnellement à la valeur des biens qui leur ont été rendus.

Au reste, M. de Bévy n'a pas voulu acquiescer à l'espèce de transaction que proposaient les

premiers juges. Il a interjeté appel de leur décision, en ce qu'elle ne le déclarait pas totalement libéré envers madame de la Guiche.

Cette dernière n'était pas non plus satisfaite
de ne recouvrer qu'une portion de sa créance.
Elle a donc à son tour incidemment appelé du
même jugement.

La discussion devant la Cour royale de Dijon
fut vive et très-développée ; le président de Bévy
a insisté sur la loi du 5 décembre 1814, qui,
suivant lui, ne rendait les biens qu'à titre de
grâce, pour venir au secours des Emigrés, et nullement pour l'utilité de leurs créanciers.

La marquise de la Guiche s'est appuyée sur
les lois, les actes du Gouvernement et la jurisprudence constante concernant l'émigration,
ainsi que sur la loi du 5 décembre 1814, qui en
a maintenu tous les effets pour le passé.

Nous nous dispenserons d'entrer ici dans le
détail des moyens respectifs ; on en a pris une
idée suffisante dans tout ce que nous avons
dit aux articles précédens. Au surplus, on trouvera une analyse fort bien faite de cette contestation au *Journal du Palais*, volume II de
1821, page 209. Passons donc à la décision de
la Cour de Dijon : Elle a pensé que les Emigrés
étaient entièrement libérés de leurs anciennes
dettes, et qu'ils ne pouvaient pas même en sup-

porter une partie proportionnellement à la valeur des biens qui leur ont été rendus.

L'arrêt qui a été rendu le 14 avril 1821, pose
deux questions : la première, si les anciennes
dettes des Emigrés ont été éteintes par l'effet de
la mort civile et de la confiscation qu'ils ont
encourues ; la seconde, si, rendus à la vie civile
et à la jouissance de leurs biens, les Emigrés ont
également été rendus à l'obligation de payer
leurs anciens créanciers. Sur ces deux questions,
la Cour de Dijon a prononcé en ces termes :

« LA COUR, vu les lois du 28 mars 1793 (article 1er); 25 juillet 1793 (art. 13); 1er floréal
an III ; 24 frimaire an VI, (art. 34 et suivans);
le sénatus-consulte du 6 floréal de l'an X ; l'arrêté du Gouvernement du 3 floréal an XI; le
décret du 25 février 1808, sur la liquidation
de la dette publique ; l'ordonnance royale
du 21 août 1814 ; et enfin la loi du 5 décembre 1814.

«*Sur la première question*, considérant que,
par la loi du 28 mars 1793, les Emigrés ont été
déclarés morts civilement, et leurs biens confisqués au profit de l'Etat; que les lois postérieures,
et notamment le décret du 28 vendémiaire an IX,
qui en a éliminé un grand nombre, le sénatus-
consulte du 6 floréal an X, qui a amnistié tous
ceux qui rentreraient sur le territoire français,

dans un temps donné et sous certaines conditions, et enfin l'ordonnance du 21 août 1814
qui a définitivement aboli toutes les inscriptions
sur la liste des Emigrés, n'ont détruit les effets
de la mort civile encourue par les Emigrés, que
pour l'avenir, et du jour où ces différentes lois
ont été rendues; d'où suit la conséquence que
la mort civile, ayant réellement existé dans le
temps intermédiaire entre l'inscription et la radiation, il faut rechercher quels en ont été les effets
vis-à-vis des Emigrés.

» Or, il est de principe que la succession des
morts civilement est ouverte, et que, si elle n'eût
pas été frappée de confiscation, leurs héritiers
naturels l'eussent recueillie, comme s'ils étaient
morts naturellement; et comme il est constant
que les héritiers naturels, en appréhendant
la succession, eussent été tenus de toutes les
charges, il s'en suit que l'Etat, qui, par la confiscation, s'est mis à leur place, est de même
tenu de toutes ces charges.

« D'ailleurs, tous les jurisconsultes qui ont écrit
sur la matière, d'accord en cela avec les lois
romaines, décident que la mort civile, suivie de
confiscation de biens, libère entièrement celui
qui l'a encourue des dettes par lui contractées
antérieurement, et que ses créanciers n'ont de
recours que contre le confiscateur; et cet avis

est aussi celui de l'auteur du *Répertoire de Juris-prudence*, ainsi qu'il l'a établi par une foule de citations en son XVe volume, au mot *émigration*, et en ses *Questions de Droit* au mot *inscription hypothécaire*, dans l'affaire du sieur Crollebois.

» Considérant que cette doctrine est encore d'accord avec les lois qui régissent plus spéciale-ment la matière. En effet, la loi du 25 juillet 1793, déchargeait les biens des Emigrés de toutes les dettes et hypothèques qui les grevaient, et celle du 1er floréal an III déclarait que les créanciers des Emigrés étaient créanciers directs de l'Etat, et leur ordonnait de produire leurs titres, dans un certain délai, pour être liquidés; dès-lors il y a eu, par la volonté irrésistible du législateur, novation dans la créance, et quand même la mort civile n'aurait pas déchargé de ses dettes celui qui l'avait encourue, l'Emigré en aurait été déchargé par l'effet de la loi du 1er floréal an III, puisqu'elle donnait positivement un nou-veau débiteur au créancier de l'Emigré; puis-qu'elle éteignait toutes les actions personnelles ou réelles relativement aux Emigrés; qu'elle dé-fendait aux créanciers de poursuivre devant les tribunaux celles commencées ou d'en intenter de nouvelles; fut-il jamais novation plus for-melle et plus clairement exprimée?

»Considérant que l'article 12 de l'arrêté du 3

floréal an XI, en admettant les créanciers des Émigrés rayés, éliminés ou amnistiés, à demander leur liquidation, s'ils prétendent que leurs débiteurs n'ont reçu aucune restitution de biens ou qu'ils n'en possèdent pas de suffisans pour les payer, a implicitement décidé que toute action personnelle était éteinte contre les Émigrés ; car, si elle fût restée à ces créanciers contre leurs anciens débiteurs, ceux-ci pouvant revenir à meilleure fortune et être en état de payer leurs dettes, l'État ne se serait pas obligé à liquider les créanciers.

» Considérant que la loi du 5 décembre 1814, en rendant aux Émigrés leurs anciennes propriétés non aliénées par le fisc, a, par son article 1er, maintenu de plus fort toutes les lois et tous les actes du Gouvernement relatifs à l'émigration ; d'où suit la conséquence que les anciens créanciers des Émigrés devenus créanciers du fisc, par la loi du 1er floréal an III, sont restés tels, et ne sont pas redevenus créanciers des Émigrés, ainsi que l'établit tout aussi doctement M. Merlin, dans la même affaire Crollebois ; d'où suit encore la conséquence qu'ils n'ont aucune action personnelle contre ces Émigrés, et qu'ils ne peuvent s'adresser qu'au fisc, si toutefois, par l'effet de quelques lois, ils n'ont pas encouru la déchéance qui, étant une espèce de prescription, leur enlève définitivement tout droit.

» *Sur la deuxième question.* Considérant que les Émigrés rendus à la vie civile, par l'effet de l'ordonnance du 21 août 1814, ne peuvent, comme détenteurs de leurs anciennes propriétés, être tenus d'acquitter les dettes par eux contractées avant leur mort civile, qu'autant que l'État confiscateur y aurait lui-même été tenu à cette époque, et qu'autant qu'en leur remettant, par la loi du 5 décembre 1814, les biens invendus qui leur avaient autrefois appartenu, le législateur leur aurait imposé l'obligation d'acquitter les dettes qui les avaient autrefois grevés.

» Considérant qu'à l'époque du 21 août 1814, l'État n'était plus obligé au paiement des dettes des Émigrés; et, en effet, si l'État, comme confiscateur, était, à l'époque des confiscations, naturellement tenu de ces dettes, il en était tenu en vertu des lois sur l'émigration et notamment en vertu de la loi du 1er floréal an III, qui avait déclaré les créanciers des Émigrés, créanciers directs de l'État. Cette obligation avait été par lui soumise à l'accomplissement de quelques obligations dont le défaut devait opérer la libération; ces obligations étaient la remise des titres de créances, afin que, soumis à une commission de liquidation, ils fussent par elle vérifiés, pour être ensuite payés, et ce, sous peine de déchéance, si, dans un délai déterminé, cette production n'était pas faite, délai d'abord fixé à un terme très-court, ensuite prorogé, et enfin fixé définitivement, par le décret du 25 février 1808, au 1er janvier 1810, jour auquel la commission de liquidation était dissoute, et les créanciers qui ne s'étaient pas fait liquider, définitivement déchus de leurs créances.

» Considérant que dès-lors l'État n'a plus été tenu à aucunes des dettes des Émigrés; dès-lors ceux des biens qui leur avaient appartenu étaient entièrement libres entre ses mains; dès-lors, en les donnant aux Émigrés, il leur en a fait remise dans le même état où il les possédait lui-même; et, l'État étant libéré, les Émigrés qu'il a mis à son lieu et place, le sont comme lui.

» Considérant que vainement prétend-on tirer quelque argument du sénatus-consulte du 6 floréal an X, ou plutôt de l'arrêté du Gouvernement, du 3 floréal an XI, et de la jurisprudence admise par quelques Cours, et par celle de cassation; à l'époque du sénatus-consulte et de cet arrêté, les créanciers des Émigrés avaient l'intégralité de leurs droits, l'État était leur débiteur, et le législateur pouvait certainement, en amnistiant les Émigrés, leur imposer l'obligation d'acquitter tout ou partie de leurs dettes. La jurisprudence des arrêts était donc fondée en droit alors; c'est ce qui est savamment établi par M. Merlin, dans le 15e vol. de son *Répertoire*, au mot *émigration*; mais ce qui était légal alors ne le serait plus; l'État, en 1814, n'était plus obligé envers les créanciers, et les Émigrés, qui sont à ses droits, ne sont pas plus obligés.

» Tout aussi vainement exciperait-on de l'article 14 de la loi du 5 novembre 1814; d'abord cet article n'est attribuable, ni même recognitif d'aucun droit; il ne fait que suspendre les actions de ceux qui pourraient avoir des droits. Ainsi, sous ce rapport, on pourrait dire qu'il ne préjuge rien; mais comme cette loi, tout entière politique, cette loi toute de grâce et de faveur, faisait remise à tous les inscrits quelconques sur les listes des Émigrés, de la totalité des biens encore dans les mains du fisc; qu'elle ne faisait aucune distinction des Émigrés injustement mis sur la liste et rayés sur la production des certificats de résidence, des Émigrés éliminés, amnistiés, ou enfin de ceux rendus à la vie civile, par l'ordonnance du 21 août 1814; il résulte de ce qui vient d'être dit plus haut, que ces divers Émigrés, étant dans des catégories différentes, les créanciers des uns pouvaient avoir quelques droits à exercer, pendant que les créanciers des derniers, définitivement déchus, n'en avaient plus aucuns.

» Enfin, nous avons dit qu'il faudrait, qu'en

leur faisant remise de ces biens invendus, le législateur leur eût imposé l'obligation d'acquitter les dettes qui les avaient autrefois grevés; mais, bien loin qu'on puisse voir dans la loi rien d'où on puisse l'induire, même indirectement, cette obligation tout au contraire y répugne; car l'art. 1er, en maintenant, soit envers l'État, soit envers les tiers, toutes décisions, tous actes passés, tous droits acquis avant la publication de la Charte, et qui seraient fondés sur des lois ou actes du Gouvernement, relatifs à l'émigration, a évidemment maintenu de plus fort le décret du 25 février 1808, qui déclarait les créanciers déchus; et, dès-lors, le législateur n'a pu avoir l'intention d'obliger les Émigrés rendus à la vie civile, par l'ordonnance du 21 août 1814, à payer des dettes qui n'existaient plus. Pour le faire, il faudrait qu'il eût d'abord révoqué le décret du 25 février 1808, et autres lois qui ont libéré l'État; qu'il eût relevé de la déchéance, ceux des créanciers qui l'avaient encourue; et ensuite qu'il eût nominativement chargé les Émigrés de désintéresser ces créanciers, ce qui serait contradictoire avec l'article 1er de cette loi: loin de là; tout son ensemble montre que le législateur a fait et voulu faire une remise de grâce, une pure libéralité, sans aucune condition, un acte de munificence avec des biens libres de toutes charges, qui lui appartenaient légalement, et dont il pouvait disposer comme il le voulait; c'est d'ailleurs ainsi que la Cour de cassation a interprété cette loi, dans son arrêt du 25 janvier 1819, dans l'affaire de l'abbé Duclaux contre M. le marquis d'Epinay de Saint-Luc.

» Concluons donc de tout ce que dessus, que les Émigrés rendus à la vie civile, par l'ordonnance du 21 août 1814, ne sont tenus, ni personnellement, ni comme détenteurs des biens dont ils avaient été autrefois propriétaires, d'acquitter les dettes dont ils étaient grevés avant leur mort civile.

» Sans s'arrêter à l'appellation interjetée par madame de la Guiche, du jugement du tribunal de première instance de Dijon, du 21 août 1820, qui demeure mise au néant; prononçant sur celle émise par M. de Bevy, du même jugement et y faisant droit, a mis icelle et ce dont est appel au néant; et, par nouveau jugement, a renvoyé et renvoie M. de Bévy des demandes, fins et conclusions de madame de la Guiche; la condamne à l'amende de dix francs, et à tous les dépens des causes principale et d'appel. »

PREMIÈRE QUESTION.

La mort civile et la confiscation ont-elles éteint les anciennes dettes des Émigrés?

Pour résoudre cette question, la Cour de Dijon établit que, suivant la législation, en y comprenant l'ordonnance royale du 21 août 1814 et la loi du 5 décembre suivant, les effets de la mort civile encourue par les Émigrés, n'ont été effacés que pour l'avenir; en sorte que réellement la mort civile a existé pour chaque individu, jusqu'au jour de la radiation. Cette vérité est incontestable, comme nous l'avons démontré.

Si la confiscation n'eût pas eu lieu, les héritiers naturels de l'Emigré lui auraient succédé; ils auraient donc été tenus de toutes les dettes du condamné. On ne peut en douter, et sur ce point encore la Cour de Dijon est parfaitement dans les principes.

Elle n'y reste plus lorsqu'elle ajoute que l'Etat, ayant pris la place des héritiers naturels, représente la personne du débiteur mort civilement, et s'est trouvé par conséquent obligé de payer toutes les dettes, parce qu'il y a eu novation du côté du débiteur.

Le fisc n'a point succédé tout à la fois à la personne et aux biens ; car l'Emigré, par la condamnation à la mort civile et à la confiscation, était incapable de laisser une succession. Le fisc n'a donc succédé qu'aux biens, et seulement en qualité de confiscataire; il n'a donc été chargé des dettes que jusqu'à concurrence de la valeur des objets confisqués, ce qui repousse toute idée de novation; elle n'est opérée que quand une nouvelle personne a été substituée à la place de celle du débiteur, pour remplir l'obligation personnelle de ce dernier, et qu'en outre le créancier a consenti à ce changement.

La Cour de Dijon cite des autorités et même des lois spéciales sur l'émigration, pour prouver que la confiscation met le condamné à l'abri de toutes poursuites, et que ses dettes deviennent une charge du fisc; nous les avons rapportées aussi; mais nous n'y avons pas vu que le fisc, pour cela, ait succédé à la personne de l'Emigré, qu'il y ait eu substitution d'un nouveau débiteur chargé des obligations personnelles de l'ancien, ni qu'il y ait eu adhésion du créancier. Simple détenteur de ce que possédait le condamné, le fisc ne pouvait profiter que de ce qui restait de l'actif, après déduction du passif, parce que l'excédent en actif était le seul objet susceptible de confiscation; voilà seulement pourquoi le fisc devait acquitter les dettes dont les biens confisqués étaient le gage; ce n'était pas comme étant devenu personnellement obligé à la place de ce dernier.

De ce que l'Etat s'est chargé de payer les dettes des Emigrés, il ne faut donc pas en conclure, comme l'arrêt de Dijon, que leurs dettes aient été éteintes, quant à l'obligation personnelle. Il fallait bien que le fisc conservât la valeur de ce qui tombait à son profit. Par conséquent il a dû avertir les créanciers qu'il entendait les payer, d'après le mode de liquidation établi pour les créanciers de l'Etat. Une pareille déclaration n'était pas un abandon du titre de confiscataire pour prendre celui d'héritier.

La loi du 5 décembre 1814, dit ensuite la Cour de Dijon, a maintenu, par son article 1er, toutes les lois et tous les actes du Gouvernement relatifs à l'émigration; donc les créanciers des Emigrés, ayant été une fois déclarés créanciers de l'Etat, ont été maintenus dans cette qualité depuis la Restauration.

Il est vrai que les créanciers des Emigrés ont été déclarés créanciers de l'État; mais pourquoi? c'est que le fisc ne peut profiter de la confiscation, que déduction faite des dettes, et non pas parce qu'il succède à la personne des condamnés. Leurs obligations personnelles n'ont donc pas été éteintes pour eux. La loi du 5 décembre 1814, en confirmant la législation relative aux Emigrés, a maintenu sans doute leurs créanciers dans la situation où elle les avait placés ; mais comme cette législation ne leur avait pas enlevé l'action personnelle contre leurs débiteurs ; comme, au contraire, elle avait permis de l'exercer après que ceux-ci ont été réintégrés, cette action a été pareillement conservée par la dernière loi qui maintient tous les droits acquis.

Par la même raison, les créanciers ont été maintenus dans tous les droits que la législation et la jurisprudence précédentes leur avaient reconnus, et, par conséquent, dans le droit de repousser toute idée de déchéance. En effet, il était de principe établi par les autorités législative, administrative et judiciaire, que la possession des biens par le domaine n'avait eu lieu que dans son seul intérêt, et qu'ainsi la déchéance n'avait été prononcée contre les créanciers qu'en faveur de l'État, sans que les Émigrés pussent s'en prévaloir. L'arrêt que nous examinons n'a donc pas pu s'appuyer davantage sur cette déchéance entièrement étrangère aux Émigrés, que sur la novation qui ne s'est jamais opérée.

DEUXIÈME QUESTION.

Les Émigrés, réintégrés dans leurs droits, l'ont-ils été dans leurs dettes?

Si la Cour de Dijon s'est étrangement trompée, en déclarant que les dettes des Émigrés avaient été éteintes par l'effet de la mort civile et de la confiscation, elle n'a pas moins méconnu la législation et la jurisprudence maintenues par la loi du 5 décembre 1814, lorsque, sur la seconde question, elle a décidé que la réintégration des Emigrés ne les avait pas rendus à l'obligation d'acquitter leurs anciennes dettes.

Les Emigrés, est-il dit dans l'arrêt, ne pourraient être tenus au paiement de leurs dettes, comme détenteurs de leurs biens rendus, qu'autant que l'Etat qu'ils représentent serait lui-même obligé de les acquitter. Or, il en a été déchargé par les lois de déchéance; donc les biens restés dans le domaine public se sont trouvés libérés de toutes charges dès le 1er janvier 1810, jour où la déchéance a été encourue définitivement par les créanciers de l'Etat. Depuis cette époque les créanciers déchus n'auraient pas pu obliger l'Etat à les payer, par conséquent ils n'ont pas plus de droits à réclamer contre les Emigrés postérieurement à la déchéance acquise, puisque les Émigrés ont remplacé l'Etat qui était libéré.

Ce raisonnement tombe de lui-même, quand on se rappelle ce qu'on a dit sur la déchéance. On a démontré qu'elle n'a été prononcée que dans le seul intérêt de l'État; cette vérité résulte d'une législation et d'une jurisprudence constantes qu'on ne peut pas méconnaître, puisqu'elles ont été maintenues par la loi du 5 décembre 1814, émanée de l'autorité du Roi.

Il est à remarquer que la Cour de Dijon reconnaît qu'avant la Restauration, l'obligation avait été imposée aux Émigrés de payer leurs anciennes dettes. Elle trouve que l'autorité pouvait mettre, à la grâce qu'elle accordait, les conditions qu'elle jugeait convenables. Aussi dit-elle que les jugemens qui ont constamment condamné les Émigrés envers leurs anciens créanciers étaient fondés en droit; « mais, ajoute-t-elle, ce qui était juste alors, ne le serait plus aujourd'hui; l'État, en 1814, n'était plus tenu envers les créanciers; et les émigrés, qui sont à ses droits, n'y sont pas plus obligés. »

Ne semblerait-il pas que les actes du Gouvernment et les arrêts qui ont condamné les Émigrés au paiement de leurs anciennes dettes, sont tous antérieurs à la déchéance acquise à l'État, comme si elle ne datait que de 1814? En s'exprimant de la sorte, la Cour de Dijon a-t-elle pu oublier que, quelques lignes plus haut, elle dé-

clare que l'époque de la déchéance a été fixée définitivement, par le décret du 25 février 1808, au
1er janvier 1810, jour auquel la commission de
liquidation a été dissoute ? » Le sens de l'arrêt
donnerait à croire que, postérieurement au terme
de la déchéance, après le 1er janvier 1810, les
créanciers n'ont plus été reçus à réclamer contre
leurs débiteurs réintégrés. Cependant toujours,
depuis cette même époque, il a été reconnu, par
les actes du Gouvernement et par les décisions
judiciaires, que la déchéance prononcée contre
les créanciers n'était applicable qu'au profit de
l'État, et nullement en faveur des Émigrés ; toujours les créanciers ont été reconnus avoir action
contre leurs anciens débiteurs réintégrés. La loi de
1814, en maintenant ces décisions, comme tout ce
qui concernait la matière de l'émigration, a donc
confirmé les créanciers dans le droit de repousser
la déchéance qu'on veut leur opposer.

Si donc, comme la Cour de Dijon le reconnaît, les Émigrés ont été justement contraints,
avant 1814, au paiement de leurs dettes, il est
impossible de ne pas voir qu'ils n'en ont pas été
dispensés par la loi de cette dernière époque,
loi qui maintient tous les droits acquis antérieurement.

L'article 14 de la loi du 5 décembre 1814
avait suspendu, pendant un an, les actions à

exercer contre les Émigrés. Les actes conservatoires étaient seuls permis aux créanciers pendant
ce sursis. On en concluait, pour madame de la
Guiche, que cette loi reconnaissait l'obligation
où étaient les Émigrés d'acquitter leurs anciennes
dettes, conformément à la précédente législation
qui était maintenue.

Pour répondre à un moyen qui paraissait aussi
décisif, la Cour de Dijon considère que la disposition de l'article 14 ne prononce qu'une suspension; ce qui n'est, ni l'attribution, ni la reconnaissance d'aucun droit; ce qui, par conséquent, ne préjuge rien.

Sans doute que la loi n'a pas voulu attribuer
à qui que ce soit, des créances qui n'existeraient
pas; mais elle a bien évidemment reconnu que
les Émigrés pouvaient avoir des créanciers; c'était
décider très-expressément que la mort civile et
la confiscation n'avaient pas éteint les dettes dont
pouvaient être grevés ceux à qui cette double
peine avait été remise. La loi ne préjuge rien sur
la validité des créances qu'elle laisse soumises au
droit commun; mais sans rien prescrire à l'autorité
judiciaire qui aura à prononcer sur les titres des
créanciers, elle laisse à ceux-ci la faculté de réclamer leur paiement, après le sursis qu'elle accorde
aux débiteurs.

Si les Émigrés eussent été libérés de toutes

dettes, par suite de la peine qu'ils avaient subie, serait-il venu à la pensée du législateur de leur accorder un sursis pour payer? aurait-il eu besoin de parler de leurs créanciers, de borner l'exercice des droits de ces derniers à des actes conservatoires pendant la durée du sursis? Le seul bon sens suffit pour voir que, par une pareille disposition, la loi reconnaît formellement que les Émigrés rendus à la vie civile et à la possession de leurs biens, ont été pareillement rendus à l'obligation d'acquitter leurs anciennes dettes. Pourquoi aurait-on mis, pour un temps limité, les Émigrés à l'abri des poursuites judiciaires, si leurs dettes personnelles avaient été éteintes? Cette précaution a été jugée nécessaire pour venir davantage à leur secours, précisément parce qu'on maintenait la législation précédente, qui, comme le reconnaît la Cour de Dijon, les déclarait chargés de leurs anciennes dettes. Le sursis accordé par l'article 14 de la loi du 5 décembre 1814, était donc une conséquence de l'article 1er, qui prononçait le maintien de toutes les décisions antérieures sur l'émigration.

L'arrêt que nous critiquons, ne pouvant disconvenir que, par le sursis qu'elle a accordé aux Émigrés, la loi de 1814 les déclare expressément chargés du poids de leurs dettes; il distingue les Émigrés rayés par voie de justice, et ceux rayés par voie de grâce. Les créanciers des Émigrés de la première classe, dit-il, pouvaient seuls avoir des droits à exercer contre leurs débiteurs, parce que ceux-ci, n'ayant jamais été atteints par la mort civile, leurs dettes n'ont pas cessé de peser sur eux. C'est donc pour cette première classe d'Émigrés seulement que le sursis était utile.

Il y a, dans ce raisonnement, erreur de fait et de droit. D'abord les radiations par voie de justice n'ont eu lieu que jusqu'à la loi du 12 ventose an VIII, qui a confondu les individus restés inscrits sur les listes départementales, et les a tous considérés comme coupables d'émigration. Avant cette loi, la totalité des immeubles non encore vendus a été remise aux propriétaires. Lorsqu'a paru le sénatus-consulte du 6 floréal an X, aucun des biens ayant appartenu aux Émigrés rayés avant l'an VIII, ne s'est donc trouvé compris parmi ceux dont l'État se réservait la jouissance. A l'époque de la Restauration, il n'y avait rien à statuer sur les créanciers des individus rayés avant l'an VIII; ceux-ci, n'ayant jamais perdu la vie civile, étaient régis par le droit commun.

Ajoutons que déjà 14 ans s'étaient écoulés depuis l'an VIII, quand la royauté a été rétablie, et que les créanciers des Émigrés réintégrés par voie de justice étaient désintéressés.

20

Conséquemment, lorsque la loi de 1814 a rendu les immeubles qui étaient restés depuis l'an X dans le domaine public, il n'en existait point qui eussent appartenu à des individus rayés avant l'an VIII. Le législateur de 1814 n'avait donc pas à considérer cette première classe d'Émigrés ; la remise qu'il accordait, ne les concernait en rien. Les seuls Émigrés rayés par voie de grâce étaient intéressés à cette remise ; eux seuls avaient besoin du sursis prononcé. La loi du 5 décembre 1814, en reconnaissant que les Émigrés, après leur réintégration, devenaient susceptibles d'être poursuivis pour leurs dettes, ne pouvait donc avoir en vue que les Émigrés réintégrés par forme de grâce.

En point de fait, la distinction qu'on suppose dans la loi de 1814 n'est pas admissible. Cette loi n'avait rien pu faire pour les individus rayés avant l'an VIII. En point de droit, la même loi prononce d'une manière générale, comme la Cour de Dijon le dit elle-même. Si le législateur n'avait eu en vue que la première classe d'Émigrés, ne lui était-il pas facile de dire que le sursis était accordé aux Émigrés réintégrés par forme de justice, ou rayés avant la loi du 12 ventose an VIII? Cette spécialité ne devait-elle pas être exprimée nécessairement, si l'on avait eu l'intention de considérer les Émigrés réintégrés par

voie de grâce, comme entièrement déchargés
de leurs dettes? En ne faisant aucune distinction,
la loi a donc bien entendu parler de tous les Émigrés à qui elle rendait le surplus des immeubles
qui jusqu'alors étaient restés dans le domaine de
l'État; eux seuls avaient besoin de cette faveur.
Elle a donc reconnu que tous étaient grevés des
dettes qu'ils avaient personnellement contractées
avant leur émigration.

Enfin l'arrêt critiqué prétend que les Émigrés
ne pourraient être chargés de leurs dettes, que
dans le cas où la loi de 1814 leur aurait imposé
l'obligation de les acquitter; que cette loi pouvait mettre cette condition à la grâce qu'elle leur
accordait; mais qu'elle a été loin de les surchar-
ger ainsi, puisqu'elle entendait leur porter un
secours, puisqu'elle maintenait tous les droits
acquis à des tiers antérieurement à la charte
constitutionnelle, et que la déchéance contre les
créanciers des Émigrés était un droit acquis à
l'État, un droit par conséquent qui ne pouvait
pas être détruit.

Si les dettes des Émigrés eussent été éteintes par
la mort civile et la confiscation, il est certain
que la loi de 1814 n'aurait pas fait revivre ces
mêmes dettes; mais, si elles n'ont pas été éteintes,
il est clair aussi que la loi de 1814 n'en a pas déchargé les Émigrés. Elle les a laissés dans la

position où les avaient placés les lois dont elle prononce le maintien. Or, quelle était leur position? La législation antérieure et la jurisprudence constante, les ont assujettis à payer leurs anciennes dettes qui toujours ont été considérées comme non éteintes. Constamment il a été décidé que, si les poursuites avaient été interdites contre les débiteurs personnels pendant la durée de la confiscation, ces poursuites avaient pu être reprises contre eux, du moment où ils étaient rendus à la vie civile et à la jouissance de leurs biens.

Voilà les dispositions légales et judiciaires que la loi de 1814 a confirmées par son article 1er; c'était déclarer expressément que les Émigrés, après leur réintégration, se sont trouvés chargés de leurs dettes, comme ils l'étaient avant l'inscription de leurs noms sur les listes départementales. Il n'est donc pas vrai de dire que, pour contraindre aujourd'hui les Émigrés au paiement de leurs anciennes dettes, il faudrait que la loi de 1814 l'eût ordonné comme une condition de la grâce qu'elle leur accordait. Pouvait-elle mieux les y assujettir qu'en maintenant la législation précédente qui les charge formellement de ces mêmes dettes?

Lors de la discussion de la loi de 1814, il a bien été émis quelques opinions pour la rendre

plus favorable aux Émigrés ; mais jamais personne n'a imaginé de prétendre qu'ils étaient
dégrevés de leurs dettes. On s'est contenté de
leur accorder, par l'article 14, un sursis d'un an ;
ce qui n'avait rien de contraire à l'article 1er qui,
en maintenant les lois précédentes, les reconnaissait débiteurs de leurs anciens créanciers.
Ce sursis a été prolongé ; mais, après l'expiration du nouveau délai, tout autre prolongation,
quoique vivement demandée, a été refusée. Le
Roi lui-même n'a pas proposé de loi à ce sujet.
N'était-ce pas évidemment décider que les créanciers pouvaient exercer leurs droits qui n'avaient
été que suspendus.

Cette loi a aussi maintenu les actes du Gouvernement et de l'autorité judiciaire qui ont décidé que l'Etat seul devait profiter de la déchéance,
parce qu'elle n'a point été prononcée dans l'intérêt des Emigrés.

Ainsi la Cour de Dijon a eu raison de considérer la déchéance comme un droit acquis à
l'Etat, et par conséquent maintenu par la loi de
1814. Que suit-il de là ? c'est que la loi de 1814,
en confirmant les décisions qui restreignent la
déchéance au seul intérêt de l'État, a nécessairement voulu que la déchéance ne fût pas applicable aux Émigrés.

Il nous reste à parler de l'intention qu'a eue

cette loi de venir à leur secours. Comment, dit l'arrêt de Dijon, concilier une intention aussi manifeste avec l'autorisation que les créanciers auraient de poursuivre leurs débiteurs réintégrés ? Quoi! la remise des biens faite à ces derniers ne profiterait qu'à leurs créanciers! ce serait donc pour ceux-ci seulement que la loi bienfaisante serait intervenue? On ne peut raisonnablement le supposer.

A notre tour, nous demanderons si ce n'est pas venir au secours d'un débiteur que de lui donner les moyens de payer ses dettes? Le Souverain n'a-t-il pas fait davantage pour l'Émigré chargé de dettes, en le mettant à portée de se libérer, que pour celui dont il aurait seulement augmenté la fortune et qui ne serait grevé d'aucune charge? Aurait-il bien convenu à la dignité du Roi de voir ceux qu'il voulait honorer de ses bontés, être continuellement en butte aux clameurs de leurs anciens créanciers, qu'une injustice non méritée aurait réduits à l'inaction contre leurs débiteurs? vivraient-ils honorablement, ces débiteurs, que leurs créanciers, dans l'impuissance d'obtenir ce qui leur est légitimement dû, ne manqueraient pas de couvrir de mépris?

En venant au secours des Émigrés, la puissance législative, dit-on, n'a pas entendu favoriser leurs créanciers. On conviendra aussi qu'elle n'a jamais eu l'intention de sévir contre ces derniers, ni de leur faire supporter les effets des peines auxquelles leurs débiteurs se sont volontairement exposés, sans les consulter. Elle n'a même pas voulu rendre les Emigrés plus heureux qu'ils n'étaient avant leur exil; c'est seulement un secours qu'elle leur a accordé.

Cependant tout le contraire arriverait, s'ils profitaient de la remise de leurs biens, sans être tenus de payer leurs dettes. La mort civile et la confiscation qu'ils ont encourues les auraient libérés; ils seraient enrichis de tous les biens rendus, puisqu'ils les posséderaient dégrevés de toutes les dettes qu'ils avaient contractées avant leur condamnation.

Considérez les grands propriétaires dont presque toute la fortune consistait en bois, en forêts, en édifices consacrés à un service public. La loi de 1814 leur aurait remis la presque totalité de leurs biens, et ils les recouvreraient exempts des charges qu'ils y avaient eux-mêmes volontairement imposées.

Quelle serait aussi la position des Emigrés qui, avant de fuir le sol natal, ont vendu la plus grande partie de leurs biens, ont réalisé des capitaux qu'ils ont placés dans des banques étrangères? La confiscation du peu d'objets qu'ils ont laissés en France, n'aurait été pour eux qu'une vaine formalité ; elle n'aurait servi qu'à les débarrasser de leurs dettes : rentrés dans leur patrie, ils jouiraient de toute cette fortune qu'ils avaient soustraite à la confiscation, et pourtant ils seraient dispensés de remplir aucuns de leurs anciens engagemens !

Ainsi la plupart des Emigrés se trouveraient enrichis, par suite de lois qui n'ont eu pour but que de les punir. Ces lois sont injustes, si l'on veut ; mais elles ont produit des effets que l'autorité légitime a maintenus. Ce serait donc aller contre cette même autorité, que de faire tomber les événemens politiques sur d'autres que sur ceux qui se sont exposés à en courir les chances ; ce serait en accabler des créanciers, à qui ni les lois de l'émigration, ni celles qui en ont maintenu les effets, n'ont voulu porter le moindre préjudice.

On voit maintenant si la Cour de Dijon, en décidant que les Emigrés ne sont tenus de leurs dettes, ni personnellement, ni comme détenteurs de leurs biens, n'a pas plus considéré l'intérêt pécuniaire des Emigrés, que celui de l'honneur qui doit leur être plus cher. Pour arriver à ce but, si peu digne de personnages qui prétendent à l'estime et à la considération publiques, cette Cour a évidemment méconnu les vrais principes du droit, et ceux de la législation confirmée par les lois de la Restauration.

§ II.

De l'arrêt de la Cour de Paris.

Combien, dans la capitale, la manière dont on a considéré la position respective des Emigrés et de leurs créanciers, est différente de celle où a voulu les placer la Cour qui a succédé au parlement de Bourgogne! Des sentimens plus honorables pour cette classe de citoyens rendus à leur patrie, ont déterminé les magistrats de la Cour royale de Paris.

Il s'agissait d'une dette contractée avant la révolution, par M. le maréchal de Castries, envers M. le prince Ferdinand de Rohan, archevêque de Cambrai. Le premier avait vendu à l'autre les terres d'Ollainville et d'Egly; sur le prix convenu, il restait entre les mains de l'acquéreur 150,000 fr. : cette somme n'était payable que trois ans après le décès du vendeur, en trois termes égaux, d'année en année.

Tous deux ayant quitté la France ont été inscrits sur la liste des Emigrés, et leurs biens ont été confisqués. M. de Castries est décédé en émigration. Le Prince de Rohan , profitant de l'amnistie accordée par le sénatus-consulte de l'an X, est rentré en France, où il est mort en 1813. Alors ont commencé les trois ans pendant lesquels étaient exigibles les 150,000 f. qui restaient dus sur le prix des terres vendues à M. de Castries. Les deux immeubles avaient été aliénés administrativement, comme les autres biens nationaux, à l'exception d'une pièce de bois qui dépendait de la terre d'Ollainville, et qui avait été réunie au domaine public.

En vertu de la loi du 5 décembre 1814, ce bois a été rendu à M. le duc de Castries, pair de France, et à madame la vicomtesse de Mailly, sa sœur, tous deux héritiers, sous bénéfice d'inventaire, du feu maréchal de Castries, leur père.

Ils ont fait vendre ce bois à l'audience des criées du tribunal civil de Paris, et le duc de Castries s'en est rendu adjudicataire, moyennant 65,00 fr.

Dans cette position, M. le prince de Masseran, comme héritier pour moitié, sous bénéfice d'inventaire, du prince Ferdinand de Rohan, son oncle, a fait assigner M. de Castries et madame de Mailly, comme héritiers de leur père, pour avoir paiement de la somme qui restait due sur le prix des terres d'Ollainville et d'Egly, avec les intérêts tels que de droit.

Il a conclu spécialement à ce que M. le duc

de Castries, comme acquéreur des quatre-vingt-trois hectares, soixante-cinq ares, quatre-vingt-deux centiares, ou cent quatre - vingt - dix-huit arpens, vingt-sept perches de bois, qui avaient été rendus par l'État à la succession du maréchal de Castries, fut condamné à lui en remettre le prix, montant à 65,200 fr., pour valoir sur ce qui était dû au demandeur par cette succession, en faisant l'imputation, d'abord sur les intérêts courus depuis que la confiscation a cessé, et ensuite sur le principal.

Le combat s'élevait, comme on voit, entre l'héritier d'un Émigré et les héritiers d'un autre Émigré, pour raison d'une dette contractée avant l'émigration du créancier et du débiteur. Les droits actifs de l'un et de l'autre avaient été réunis au domaine de l'État, et il s'était opéré, suivant les héritiers du débiteur, une confusion qui a dû éteindre la dette. Le représentant du créancier soutenait que la confusion avait eu lieu pour les seules dettes que l'État avait contractées directement envers des individus émigrés postérieurement, et nullement pour les dettes d'un Émigré envers un autre Émigré. C'est en effet ce que nous avons prouvé au paragraphe VIII de l'article III.

Tous les autres moyens dont on a parlé dans le cours de cet Écrit, ont également été employés de part et d'autre. Les uns, pour établir que la mort civile et la confiscation avaient éteint toutes les dettes antérieures des Émigrés ; les autres, pour montrer que les obligations personnelles n'avaient jamais cessé de peser sur les condamnés à la mort civile, et que, si le domaine public s'est emparé de leurs biens, la possession qu'il a eue n'a pu produire des effets actifs que dans le seul intérêt de l'État, sans aucun dégrévement personnel au profit des Émigrés.

Le 3 août 1820, un jugement contradictoire, rendu par le tribunal de 1re instance de la Seine, a trouvé les conclusions du prince de Masseran conformes à la justice, et a condamné le duc de Castries à verser le prix de son acquisition dans les mains du demandeur.

Les héritiers de Castries ont interjeté appel de cette décision, et la Cour royale de Paris a eu l'occasion de se déterminer, ou à suivre l'exemple de la Cour de Dijon, dont l'arrêt lui était présenté comme une autorité, ou à se conformer à des principes plus honorables pour les parties. Elle avait aussi à examiner, si, comme l'avait décidé le tribunal de première instance de Dijon, il fallait n'assujettir les Émigrés au paiement de leurs dettes, qu'en proportion des biens qui leur avaient été rendus.

La Cour n'a pas cru que cette sorte de transaction pût être admise; nous avons prouvé en effet, au paragraphe III de l'article précédent, que les principes répugnaient à ce genre de contribution. Il n'y a pas de milieu : ou les Émigrés sont libérés de toutes leurs dettes anciennes, comme l'a prononcé la Cour de Dijon, ou ils en sont restés chargés pour la totalité.

Nous épargnerons au lecteur le détail des débats qui ont eu lieu sur l'appel, entre l'héritier du prince Ferdinand de Rohan et les héritiers du maréchal de Castries; on les connaît assez par tout ce qui a été dit dans cet Écrit; on peut d'ailleurs en voir l'analyse au *Journal du Palais*, tome IIIe de 1821, page 23. Il suffit de dire qu'aucun moyen n'a été omis dans les défenses respectives.

Voyons donc l'arrêt rendu le 23 juillet 1821, par la Cour royale de Paris. Il est conçu en ces termes :

« La Cour, faisant droit sur l'appel interjeté par le duc de Castries et la vicomtesse de Mailly, de la sentence rendue par le tribunal civil de la Seine, le 3 août 1820.

» Considérant que l'ordonnance du Roi du 21 août 1814, relative aux personnes, la loi du 5 décembre suivant, relative aux biens non vendus, ont eu pour effet nécessaire, en dessaisissant le fisc, de rétablir les rapports primitifs qui existaient entre les débiteurs et leurs créanciers.

» Que l'article 1er de la loi ne dispose que dans l'intérêt des tiers acquéreurs, pour la garantie des ventes consommées et la perpétuité de l'affranchissement de toutes hypothèques.

» Qu'à l'égard des biens non vendus et qu'elle remet, la loi, par le sursis imposé seulement aux créanciers, exprime que la réintégration du débiteur dans ses biens comprend, par une conséquence invincible du droit, la réintégrande des créanciers dans toutes actions personnelles et réelles.

» Que toute la législation intermédiaire a proclamé que la mort civile, les déchéances, le principe de la confusion, n'étaient que dans l'intérêt exclusif du fisc et des tiers, parmi lesquels, ni les Émigrés, ni leurs créanciers ne peuvent être placés.

» Sans s'arrêter aux fins de non recevoir proposées par les appelans a mis, et met l'appellation au néant, ordonne que ce dont est appel sortira son plein et entier effet, condamne les appelans à l'amende et aux dépens de la cause d'appel. »

Cet arrêt décide que l'ordonnance du Roi, datée du 21 août 1814, en abolissant la liste de proscription, et que la loi du 5 décembre suivant, en rendant les immeubles confisqués, qui se trouvaient encore dans le domaine de l'État, remettaient les Émigrés dans tous les droits actifs et passifs qu'ils avaient avant l'émigration; qu'ainsi ont été rétablis les rapports primitifs qui existaient entre eux et leurs créanciers; d'où il suit, que ces derniers ont repris la faculté d'exercer leurs poursuites, en vertu de leurs anciens titres.

Si l'on demande comment ces relations primitives peuvent n'avoir pas été rompues, par la mort civile et la confiscation qu'ont subies les débiteurs; comment il est possible d'accorder avec cette décision l'article 1er de la loi du 5 décembre 1814, qui maintient tous les effets produits par la législation antérieure sur l'émigration; la Cour de Paris répond que cet article dispose dans l'intérêt seulement des tiers acquéreurs, pour garantir les ventes faites des biens confisqués, et pour assurer à perpétuité l'extinction des hypothèques, dont ces mêmes biens vendus avaient été grevés.

Par l'article 1er dont il s'agit, la loi a si peu regardé les Émigrés comme affranchis de leurs anciennes dettes, que, dans son article 14, elle a imposé aux créanciers la condition de surseoir à leurs poursuites pendant un an; d'où la Cour de Paris conclut, avec raison, que la réintégrande des débiteurs dans leurs biens comprend, par

une conséquence invincible du droit, la réintégrande des créanciers dans la faculté d'exercer
toutes leurs actions personnelles et réelles. En
rendant les Émigrés à la vie civile, on les rétablissait dans tous leurs droits, ce qui compre-
nait les droits actifs et passifs ; enfin, on les remettait dans tous leurs rapports primitifs, tant
ceux qui leur étaient profitables, que ceux qui
leur étaient onéreux.

A l'égard des divers moyens tirés des effets de
la mort civile, de la confiscation, de la confusion et de la déchéance, la Cour de Paris y a fait
une seule réponse : toute la législation concernant les Émigrés est maintenue par la loi nouvelles ; or, cette législation confirmée a proclamé
que la mort civile, la déchéance, la confusion,
n'avaient produit leurs effets que dans l'intérêt
exclusif de l'État et des tiers, qui avaient acquis
des droits en vertu de cette même législation
intermédiaire, législation qui n'a nullement disposé dans l'intérêt des Émigrés, ni par conséquent contre l'intérêt de leurs créanciers.

Ces motifs de l'arrêt de la Cour de Paris con-
tiennent l'analyse de tous les principes spécialement relatifs à l'émigration. Ils sont beaucoup
plus courts que les considérans auxquels s'est
livrée la Cour de Dijon, parce que, pour adopter
un système contraire aux principes, on est obligé

de chercher bien loin des prétextes. A quoi ser-
vait-il, par exemple, de recourir au droit commun, ou, plus proprement dit, au droit privé,
dans une matière toute de droit public? La Cour
de Dijon elle-même ne dit-elle pas que la loi du
5 décembre 1814 *est tout entière politique?* La
législation à laquelle elle se réfère, et que son
article 1er confirme dans tous ses effets déjà produits, est donc aussi tout entière politique ou
purement de droit public.

Pourquoi encore la Cour de Dijon va-t-elle
chercher des textes du droit romain, lorsque
les lois françaises, et spécialement celles qui
concernent l'émigration, sont précises, et ne
présentent aucun doute? C'est que dans la route
erronée qu'elle avait prise, cette Cour ne pouvait trouver aucun autre moyen qui pût la conduire au but qu'elle voulait atteindre. Elle a
cru y suppléer par une érudition dont elle a
coutume de faire un usage plus heureux; car
ses savantes citations n'ont rien de concluant
pour son système. En effet, non-seulement nous
avons prouvé que notre droit public, dans la
portion relative aux Émigrés, et même notre
droit privé ne permettent pas de les considérer
comme libérés de leurs anciennes dettes; mais
encore nous avons démontré que, suivant les
lois romaines elles-mêmes, les condamnés rendus

à la vie civile et à leurs biens confisqués, le sont aussi à l'obligation de satisfaire tous les créanciers qu'ils avaient avant la condamnation.

§ III.

Des deux arrêts de Dijon et de Paris, considérés dans leurs effets différens.

———

Après ce qu'on vient de voir dans les deux paragraphes précédens sur les arrêts dont il est rendu compte, le lecteur est en état d'apprécier les décisions opposées des deux aréopages; il peut juger de la position où chacune a placé les Émigrés. Dans le système de l'une, il faut commencer par raviver les stigmates presque effacés de la mort civile qu'avaient encourue les Émigrés; présenter à l'opinion publique ceux qui composent cette classe de citoyens, comme des coupables justement condamnés, et qui n'ont recouvré la qualité de français, que par une grâce du Souverain; c'est ainsi que ceux d'entre eux qui refusent de payer leurs dettes, se peignent eux-mêmes, pour arriver à des conséquences aussi contraires aux principes, que peu honorables.

Vous ne craignez pas de proclamer que vous avez été bannis à perpétuité, comme convaincus d'émigration, ce qui voulait dire alors de trahison, de crime de lèze-nation, et que vous avez perdu la vie civile. Cette honteuse concession ne coûte point à votre délicatesse, pourvu que vous puissiez par là vous affranchir de vos anciennes dettes; comme si l'aveu d'une condamnation à une peine afflictive, pouvait jamais produire quelque chose de favorable au coupable puni, surtout quand sa condamnation n'a point été déclarée nulle par le souverain légitime.

Si sa bienveillance consent à vous rappeler au sein de la patrie, c'est, dites-vous, pour y être toujours à l'abri des poursuites devant les tribunaux, à raison des actes que vous avez souscrits avant d'avoir éprouvé la sévérité des lois de cette fâcheuse époque, parce que, comme vous le proclamez, les effets de votre condamnation sont maintenus pour le passé. N'est-ce pas vous livrer vous-mêmes à l'animadversion que méritent des débiteurs de mauvaise foi, qui ne remplissent pas leurs engagemens, quoiqu'ils possèdent assez pour ne pas manquer à l'un des premiers devoirs du droit naturel ? Comment pourriez-vous être accueillis en frères, vous qu'une longue prévention avait désignés comme ennemis, si vous ne paraissez que pour rompre les liens que vous aviez formés, et si vous mécon-

naissez des créanciers qui vous avaient assez estimés pour vous aider dans vos besoins ?

Voilà pourtant le résultat qu'amènerait l'arrêt
de la Cour de Dijon, s'il n'était pas annulé. Les
principes manifestés par la jurisprudence constante de la Cour régulatrice sont trop conformes
aux lois et à l'équité, pour penser qu'elle laissera
subsister une décision échappée à l'erreur sans
doute, et trop funeste même à ceux qu'elle
semble favoriser.

Quelle sagesse ne voit-on pas au contraire dans
le parti qu'a pris la Cour de Paris! Avec quels
ménagemens elle a rédigé son arrêt! En faisant
la plus juste application des lois qui régissent la
matière, elle a évité, par un laconisme prudent,
de rappeler ce que les mesures de rigueur, dictées
par des circonstances trop fâcheuses, pouvaient
avoir d'odieux pour les Émigrés; si elle ne peut
se dispenser de déclarer qu'ils ont encouru la
mort civile, elle se garde bien de s'appesantir
sur les suites funestes de cette condamnation.
La Cour énonce la seule vérité utile à la contestation; elle se borne à dire que la confiscation,
la déchéance, la confusion n'ont produit leurs
effets que dans le seul intérêt du fisc et des tiers
à qui la législation et les jugemens d'alors ont
acquis des droits; elle tire de-là une conséquence

aussi évidente que consolante; c'est que le bien-fait de l'ordonnance royale du 21 août 1814 et de la loi du 5 décembre suivant, a rétabli les Émigrés dans tous les rapports primitifs qu'ils avaient avec les membres de la société nationale, et par-conséquent avec leurs anciens créanciers.

Pouvait-on mieux entrer dans l'esprit de la Charte, dans les intentions de son auguste auteur, et mieux se diriger vers le but de la Restauration, qui est l'oubli du passé, l'union de tous les Français? Considérer dorénavant les Émigrés comme s'ils n'avaient pas été un certain temps séparés du corps social; les faire participer à toutes les libertés, chèrement achetées, il est vrai, mais enfin obtenues par la révolution pour tous les Français; et par conséquent pour les Émigrés eux-mêmes, quoiqu'ils s'en soient montrés les ennemis les plus implacables; telles sont les idées que suggère la sage décision de la Cour de Paris.

Voyez les honorables résultats qu'elle doit avoir, si elle est maintenue, comme on ne peut en douter. Fiers de voir triompher la cause de la légitimité qu'ils ont soutenue, les Émigrés pourront, sans être en contradiction avec leur conscience, invoquer, comme ils ne cessen. de le faire, les maximes de morale publique et particulière. Leurs discours auront d'autant plus d'efficacité, qu'ils donneront eux-mêmes l'exemple de la fidélité à remplir leurs engagemens ; ils pourront se montrer sans craindre que des créanciers qui se sont fiés à leur foi, ne crient contre eux à l'injustice. Ils exerceront, par l'élévation de leurs sentimens, par la considération que le paiement de leurs dettes leur obtiendra, cette même influence qu'ils regrettent de n'avoir plus par le privilége de leur naissance. Leurs propriétés sans doute en seront moins considérables ; mais ils en jouiront avec un calme qui leur en rendra la possession plus satisfaisante.

En un mot l'Émigré qui se déclare hautement un coupable pardonné, pour avoir le droit de manquer de foi à ses créanciers, peut-il espérer d'être honoré, comme il en a la prétention ? Au contraire celui qui a le sentiment que sa fuite en pays étranger était louable, s'empresse d'agir comme si les liens qui l'unissaient à ses concitoyens n'avaient jamais été rompus. Il veut qu'on ne trouve aucune différence entre ce qu'il était avant l'émigration, et ce qu'il est aujourd'hui. Peut-on lui refuser la même confiance qu'on lui avait accordée, quand on voit qu'une longue privation de ses biens ne lui sert pas de prétexte pour méconnaître ses anciens créanciers ?

Tel, dit-on, qui, après la tourmente révolutionnaire, a retrouvé des portions considérables d'une immense fortune, peut facilement acquitter des dettes dont les revenus n'éprouveront qu'une faible diminution; mais tel autre, dont presque tous les biens ont été vendus, et qui serait réduit à l'extrême misère, s'il sacrifiait à ses créanciers le peu dont la bienfaisance souveraine lui remet la jouissance, est-il blâmable de réclamer la protection des lois, pour conserver les faibles débris de son patrimoine?

Les Émigrés qui avaient plus de dettes que de biens, et qui n'ont pris le parti de la fuite, que pour avoir un prétexte d'échapper aux poursuites de leurs créanciers, auraient bien mauvaise grâce de tenir un pareil langage. A l'égard de ceux qui ont été assez honnêtes pour n'emprunter que suivant leurs facultés, ils nous entendront, lorsque nous demanderons à notre tour, si, pour éviter le dénûment, on peut commettre une injustice? Est-il permis, pour éviter de payer ce qu'on doit, de violer les principes, d'interpréter la législation d'une manière contraire aux dispositions qu'elle contient? Croit-on que de simples considérations, quoique dictées par l'intérêt qu'inspirent des Émigrés réduits à l'infortune, suffisent pour déterminer les organes impassibles des lois? Pourraient-ils sacrifier les droits légitimes des créanciers, pour venir au secours des débiteurs?

D'ailleurs, citez-nous un seul créancier qui ait eu l'impudeur de traduire devant les tribunaux un Émigré qui n'a rien retrouvé de ses biens, ou même à qui il n'en a été rendu qu'une portion à peine suffisante pour le faire subsister. Au contraire, combien n'y a-t-il pas d'Émigrés, qui, rentrés dans une fortune considérable, ont résisté à fournir les alimens dont leurs créanciers avaient besoin ! Parmi beaucoup d'exemples, nous pourrions vous nommer des héritiers d'Émigrés qui ont refusé de payer 8,000 fr., à un pauvre artiste dont ce modique capital était la seule ressource. Ils étaient pourtant rentrés dans des biens d'un produit annuel de plus de 80,000 f. Ils disaient que la confiscation leur avait enlevé au moins 300,000 fr. de rente; qu'on leur avait rendu trop peu pour faire le moindre sacrifice. Ils attaquaient en outre la légitimité de la dette, prétendant que des leçons d'un art d'agrément, étaient une dépense que leur père, qui avait été leur tuteur, n'était pas autorisé à faire pour leur éducation. Le tribunal a fait justice d'une défense aussi honteuse. Nous le dirons pourtant à regret, le ministère public avait trouvé un magistrat assez aveuglé par la prévention, pour accueillir, comme moyen décisif, le dernier prétexte allégué par les riches héritiers.

C'est maintenant à la classe entière des Emigrés, que nous nous adressons. Ceux qui sont de bonne foi, et conséquens avec eux-mêmes, ne nous démentiront pas. Ces sentimens nobles et généreux que vous avez cru suivre en quittant la France, devez-vous vous en dépouiller, quand vous avez le bonheur de rentrer dans votre patrie? Ne lui ramenez-vous pas les mêmes hommes qu'elle avait perdus ? Ne dites-vous pas que vous lui apportez des modèles de justice rigoureuse, de morale chrétienne ? L'équité naturelle, la Religion ne vous font-elles pas un devoir de payer des créanciers qui n'ont eu d'autre tort que de vous avoir jugés dignes de confiance et d'estime?

Cette patrie, si chère à tous les cœurs français, a été la proie d'un embrasement révolutionnaire qui a consumé une partie de vos propriétés; mais combien de citoyens qui sont restés, soit pour essayer de porter du secours contre l'incendie, soit par impossibilité de fuir le danger, ont péri victimes de leur dévoûment, ou ont éprouvé des pertes beaucoup plus désastreuses que les vôtres ! On vous a rendu une grande partie de vos biens, et ils n'ont reçu aucune indemnité pour ce qu'ils ont perdu.

Lorsque des malheurs communs à tous ont frappé coupables et innocens, prudens et téméraires, forts et faibles, courageux et timides, que faut-il faire pour être juste ? S'en tenir aux principes posés; ne point revenir sur des effets nécessaires de la force majeure, puisqu'il y aurait impossibilité de les détruire sans s'exposer à de nouveaux malheurs. Après un naufrage, ceux qui y ont échappé, s'embrassent dans la joie de se revoir. Ils s'unissent plus intimement pour conduire le vaisseau à sa destination; chacun se contente de ce qu'il a pu sauver; il ne reproche pas aux autres naufragés, ce qu'il a souffert de plus qu'eux. Le débiteur de l'un de ses compagnons d'infortune, s'acquitte, s'il lui reste assez pour cet acte de justice; et, s'il a tout perdu, son créancier ne lui demande rien; il le plaint, et souvent lui offre de nouveaux secours.

Voilà la position de presque tous les Français; voilà comme les invite à se conduire la Charte constitutionnelle; voilà l'exemple que leur donnent les membres de la Famille royale et les Princes du sang. Ils n'ont pas même songé à élever la question de savoir s'ils sont tenus de leurs anciennes dettes; l'honneur est pour eux un devoir; ne serait-il rien pour des Émigrés moins illustres?

FIN.

TABLE DES MATIÈRES

CONTENUES DANS CE VOLUME.

FIN DE LA TABLE DES ÉMIGRÉS.

* 9 7 8 2 0 1 9 3 2 1 7 6 5 *